Céline LAFITTE

FIBY, MON ÉTOILE, L'AMOUR AU-DELÀ DU TEMPS

Récit de vie - Témoignage

Chérubins Editions

À ma Louloute poilue adorée...

Fiby

« Le prix à payer pour l'amour c'est de le perdre. »

Elizabeth II

PRÉFACE

Seuls les amoureux des animaux comprendront le désarroi de Céline qui pleure le départ de sa petite chienne Fiby, adorable teckel, dont elle confie avec émotion, la relation particulière qui les liait.

Avec une plume sensible, outre ce chagrin qui se lit entre les lignes et à travers les mots, elle rend hommage à celle qui lui a apporté des années de joie, de partage, et d'amour. Elle a mis tout son cœur dans la rédaction de ce texte qui, elle le souhaite, est une première étape vers l'acceptation, vers la guérison.

De plus, les bénéfices des ventes de ce livre seront destinés à l'unité de recherche UAR 3480 CRB Cani DNA du CNRS ainsi qu'à l'association « Dans les yeux d'Hulk », ce qui donne un supplément de sens à cette démarche d'écriture.

De sa naissance à son départ douloureux, Céline raconte par le menu la vie bien remplie de sa petite compagne, et si tout finit inévitablement dans la peine, ce sont quand même quatorze années de bonheur réciproque. Quatorze années, ça compte, et c'est ce qu'elle doit retenir de cette complicité, de cette fidélité et de cet amour inconditionnel que lui a apporté sa « louloute ».

Fiby en promenade, Fiby joueuse, gourmande, inquiète, espiègle, câline, consolante, on la suit au fil de sa vie et de ses états d'âme... On sourit, on rit et on pleure. Car Céline la fait revivre dans cet ouvrage tendre et touchant tandis que, du paradis des chiens, on sait qu'elle protège sa maîtresse.

Comment pourrait-il en être autrement ?

Les liens d'amour, pour les humains comme pour les animaux, ne s'effacent jamais.

Lyliane Mosca,

Romancière

(Presses de la Cité)

POURQUOI ?

Mercredi 6 novembre 2024

J'ai l'intention de mettre à l'écrit tout ce qui faisait notre relation, ce lien si particulier qui nous unissait, toi ma toutounette et moi ta maîtresse. Ma peine est si enveloppante, le gouffre est si profond. Je suis emportée dans une chute incontrôlable. Je n'arrive pas à lutter. Je suis incapable de résister. Mon corps est lourd, ma tête légère comme si mon esprit voulait quitter mon corps ne supportant pas la réalité qui vient de s'imposer à moi : ton décès. C'est trop tôt ! Je subis une descente aux enfers de manière consciente, constante et incessante. Ton absence me pèse déjà tant. Je ne peux m'y résoudre. Le destin est trop cruel. Pour tenter de remonter la pente de cet abîme insondable, je me mets à écrire tout ce que j'ai vécu de plus beau ou de plus angoissant avec toi. C'est tout ce qui m'importe. Cela devient un acte obsédant qui me procure des sensations contradictoires à la fois d'apaisement et d'exaspération. C'est la seule manière pour moi de me raccrocher à la vie et de tenter de quitter cet état apathique, car plus rien ne m'importe sauf ton absence. J'essaie de combler par des mots le vide que tu m'as laissé, lorsque, ton corps épuisé, t'a fait abandonner la lutte pour vivre à nos côtés. Je m'en veux ! Je t'en veux d'avoir si vite renoncé au combat contre la maladie !

L'écriture est un exutoire contre la dépression et permet de gérer une surcharge émotionnelle. Actuellement ma névrose est tellement puissante et dégradante que cet acte ne pourra m'être que thérapeutique. Il le faut !

C'était une dépendance réciproque qui nous liait. Nous étions comme aimantées. J'avais besoin de toi autant que tu avais besoin de moi. Si je n'étais pas près de toi, tu me cherchais. Quant à moi, je sentais la chaleur de ta présence m'envelopper, quelle que soit la pièce dans laquelle tu te situais. Tu étais ma source d'endorphines, mon hormone du bonheur, mon action anxiolytique. Tu inondais la maison de ton aura, de ta sérénité, de ton amour. Pour remonter la paroi de ce gouffre, je dois croire en ce qu'énonce Albert Camus sur « L'absurdité de la vie ». Accepter que oui, la vie est absurde, surtout lorsqu'on perd un être cher, mais qu'il faut continuer d'être heureux en saisissant les futurs moments de joie. Pourtant je n'arrive plus ni à rire ni à sourire. Tu me manques trop et je te dois tant.

Tout le monde ne peut pas comprendre cet attachement si fort qui unit un homme ou une femme, c'est-à-dire un être humain à son petit être poilu. J'ai du mal à dire « à un chien », tant il existe de nombreuses connotations négatives se rapportant à ce mot : « un temps de chien », « se regarder en chien de faïence », « une vie de chien », « être malade comme un chien »... Et j'en passe. Et que dire du mot « chienne »…

Pourtant ce lien est le plus sincère et dès sa mise en place, on sait qu'il deviendra éternel. Rien ne peut séparer ces deux êtres. Un chien ou une chienne vouera un amour et un soutien moral sincères, inconditionnels et éternels à son maître et à sa maîtresse. Rien ne le détruira. En revanche, les Hommes, dans leurs relations amicales, familiales et même amoureuses, parfois, ne se donnent pas autant d'amour, de sincérité tout au long de leur vie. Ils peuvent même se montrer vils et irrespectueux, indignes de la confiance, du respect qu'on pourrait leur attribuer. La baisse de désir et d'enthousiasme d'être avec l'autre, la trahison peuvent malheureusement se manifester un jour ou l'autre chez l'être humain. Il se montre souvent égoïste. Il peut tout à fait blesser quelqu'un en pleine conscience. Un chien, quant à lui, restera continuellement fidèle et dévoué envers sa famille. Et ce en toute circonstance. Il aimera son maître ou sa maîtresse à vie. D'ailleurs, rien ne le fera changer d'avis, même pas un maître odieux. Il lui offrira la même loyauté. Ce qui est d'ailleurs bien regrettable.

On dit que « les pires choses de la vie mènent parfois aux meilleures ». Mais là, en ce jour de deuil, provoquant en moi cet immense chagrin insupportable, sincèrement, je ne vois pas !

En mon for intérieur, se mêlent à la fois la peine, le désespoir, la colère, l'impuissance et même la culpabilité. Ai-je raté une étape dans ton suivi médical ? Certes, on a toujours surmonté ensemble ta pathologie depuis ta première alerte en septembre 2022, ma louloute. Pour contrer mes angoisses qui revenaient au galop lors de tes consultations, un vétérinaire me disait avec bienveillance que je m'occupais de toi « comme un chef », que je gérais bien ta pathologie.

Pourquoi cette fois, n'ai-je rien pu faire pour te sauver ? Pour te garder près de moi ?

Ou bien, pire, ta mort est-elle la conséquence... ?

Je vis ta perte comme un échec cuisant de ma part !

La mort était-elle vraiment la seule issue pour mettre fin à tes souffrances… ?

La vie est tellement injuste ! : (

UNE BELLE RENCONTRE

J'ai envie de te faire revivre un peu près de moi, de raconter ton histoire, notre histoire. Commençons par le commencement. Tu es née le 8 mai 2010, à la voûte azurée, un élevage dans le Loiret. Le 8 mai, un jour sacré et mémorable, le jour de la célébration de la capitulation allemande, le jour où, en 1945, bon nombre de Français ont commencé à entrevoir un morceau de ciel bleu dans leur vie ravagée par la guerre.

Quand nous sommes allés te chercher cet été 2010, toi notre petit morceau de ciel bleu, tu nous as tout de suite adoptés. Tu avais envie de quitter l'élevage, ta maman Crackotte et ton papa Gucci, pour partir à l'aventure avec nous, ta nouvelle famille... La dame qui t'a élevée, m'a confié que tu étais la dernière de la portée et que tu étais fragile. Elle a dû te nourrir plus longtemps que les autres petits au biberon et t'apporter plus de soin car tu avais des difficultés à t'alimenter. Tu es arrivée vers nous toute petite, toute frêle, toute mignonne, d'un pas de petit chiot décidé, mais maladroit. Tu es allée tout de suite faire connaissance avec Maialen, ta grande sœur de 12 ans, que nous surnommons Maia ou Mama. Elle t'a portée et tu es restée sur ses genoux. Nous n'avons pas pu te résister. Tu étais tellement craquante !

Ce 29 juillet 2010, nous t'avons donc emmenée partager notre vie. J'étais à mille lieues de me douter que tu allais occuper une si grande place dans notre vie de famille et surtout dans MA vie... J'ai imaginé l'acrostiche qui te correspond, ma louloute : Fiby comme...

Fidèle
Idéale
Belle
Y a aucun doute !

TON ARRIVÉE A LA MAISON

Dès notre arrivée à la maison, la première image qui me vient à l'esprit quand je pense à toi c'est le moment où, lorsque nous t'avons descendue de voiture, tu t'es dirigée sur la pelouse, du côté des iris pour faire connaissance avec ton nouveau lieu de vie et ton jardin. Une fleur parmi les fleurs ! Ta petite maîtresse Maialen t'a suivie. Elle a fait une roulade de côté sur le gazon car elle était très heureuse de t'avoir accueillie dans notre famille. Tu l'as imitée aussi sec ! Toi aussi, tu as fait plusieurs tours sur toi-même ! Nous avons ri de te voir réagir ainsi. Je me suis dit, déjà en cet été 2010, que tu serais un toutou formidable, attachant et intelligent.   ;)

Ta petite maîtresse t'a prise en photo sous toutes les coutures. Tu tenais la pose comme si tu voulais lui faire plaisir. On peut dire que tu étais photogénique ! Tu figures sur un bon nombre de photos et de vidéos, des plus attendrissantes lorsque couchée, tu fais les yeux doux à ta jeune maîtresse, aux plus originales et rigolotes !

On a eu Biby à la neige, debout, tes deux pattes avant sur un bonhomme de neige qu'on avait construit. Tu avais ton petit manteau matelassé rose sur toi. On aurait dit que tu avais toi-même érigé ce bonhomme, tellement tu avais l'air fier.

Biby sur la luge rouge, tu étais assise entre les jambes de Maia et je vous tirais toutes les deux pour vous faire avancer.

Biby sur le transat, les pattes arrière allongées et détendues, avec des lunettes de soleil. Plus jeune tu adorais te mettre sur le transat pour une petite sieste.

Biby et sa poupée, tu étais assise à côté d'une poupée de ta taille, elle-même dans cette position. Quelles jolies poupées vous étiez !

Plus tard, bonne année Biby, tu avais un petit chapeau pointu sur la tête. Tu te tenais à côté de Maia. Bien évidemment ce serait trop long de toutes les citer.

J'adore également regarder la vidéo dans laquelle tu dévorais une pâte spaghetti avec Maia à la manière de Belle et le Clochard. Vous finissiez toutes les deux bouche-à-nez ! À la fin tu as bien tiré dessus pour l'obtenir, s'est souvenue ta petite maîtresse avec tendresse.

Le petit bébé que tu étais nous a fait quelques sottises plus ou moins importantes comme : renverser volontairement ton bol d'eau dans la cuisine en y mettant une patte. Tu as arraché une baguette de tour de porte pendant que nous nous étions absentés. Mini toutounette, mais maxi force dans la mâchoire ! Tu es même allée jusqu'à dérober mon appareil dentaire en résine contre le bruxisme sur ma table de nuit pour le mastiquer. Tu étais aussi une destructrice de mouchoirs en papier. Attention si un paquet se trouvait sur ton chemin !

Tu étais parfois une sacrée petite coquine !

Un jour, notre voisin t'a ramenée dans ses bras car tu avais réussi à passer sous le grillage mitoyen pour t'aventurer un court instant dans leur jardin. Tu avais déjà l'âme d'une exploratrice.

Un jour de janvier en 2022, ton maître t'a pris en flagrant délit, en pleine dégustation d'une boule de graisse aux graines destinée aux oiseaux. En effet, le filet s'est décroché de notre arbre. Une fois la boule tombée au pied de l'arbre, tu en as profité pour te comporter comme un petit oiseau. Tu as oublié que tu avais un museau et non un bec !

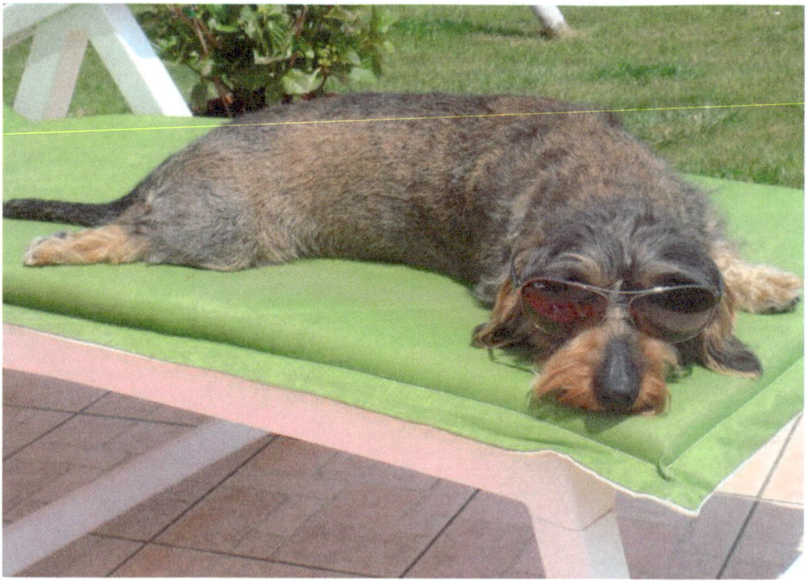

NOS PROMENADES, NOS RENCONTRES

Tes premières balades dans la rue ont été compliquées. Lorsque nous marchions sur le trottoir, tu faisais un écart vers moi ou tu t'aplatissais comme une carpette à chaque fois qu'une voiture passait à côté de nous. Lorsque nous croisions un camion, tu étais affolée par le bruit et la vue de cet imposant véhicule. Toutefois tu as vite compris que te promener pouvait être très agréable.

Avec Maialen, nous t'avons emmenée en ville quelques fois, mais les expériences ne se sont pas toujours révélées concluantes. Trop de monde pour toi.

Tu étais une « fifille » de la campagne : les chemins crayeux ou boueux traversant les champs, les hautes herbes, les marguerites et les coquelicots étaient ce que tu préférais. D'ailleurs tu adorais faire de beaux parcours dans les champs en compagnie de ton maître, moi et Mama. Ton maître n'avait qu'à te faire un petit signe de tête et tu étais toute joyeuse. Tu savais que nous allions faire cette sortie ensemble. Tu le talonnais jusqu'à ce qu'il enfile ses baskets. Tu lui mettais des petits coups de museau pour qu'il se dépêche. Je ne comptais plus. Tu n'obéissais qu'à ton maître. Les promenades à deux étaient agréables, mais à trois ou à quatre, c'était plus cool !

Dans les derniers temps, ton maître te portait sur ses épaules quand tu ne pouvais plus avancer. Tu partais à fond les gamelles devant puis tu ralentissais durant la promenade jusqu'à marcher à notre rythme. Dès que tu traînais la patte, il te disait « Maîmaître porte ? » Si tu restais sur place en remuant la queue tout en le regardant, c'était « D'accord. » Il te portait et tu admirais le paysage de toute sa hauteur. Une fois en forme, tu t'agitais pour lui faire comprendre que tu désirais de nouveau déambuler à nos côtés. Il te déposait précautionneusement sur le chemin.

Si c'était « Non. », tu le regardais, mais tu avançais.

Durant une promenade, nous avons croisé le bus que ton maître conduisait. Nous l'avons rejoint à un arrêt. Tu étais très contente de le voir. Il t'a donné l'autorisation de monter dedans. C'était la première fois que tu montais dans un si gros véhicule. Tu reniflais tout sur ton passage. Tu as passé en revue tout le bus. Tu as repris gentiment le cours de ta promenade après lui avoir dit au revoir.

Les plus belles balades sont celles qu'on a faites : toi, nous et ta petite maîtresse Mama, qui lorsqu'elle pouvait être de la partie, se mettait à courir. Tu la suivais pour enfin la dépasser ! Course initiée d'instinct. Tu te stoppais dès que tu... avais gagné.

;)

Je ne te verrai plus courir ma championne. Cela me pèse tellement de le réaliser et de l'écrire. Comme j'ai mal ! : (

Tu te promenais sans laisse, depuis l'âge de quatre ou cinq ans. Pas besoin de laisse pour nous relier, tu as compris que nous étions inséparables. Pour traverser une rue, tu attendais un mètre en retrait, j'avançais en bordure de trottoir en te disant « Pas bouger. Voiture. Attends maîtresse regarde. ». Puis si la voie était libre, je te disais « Vas-y ! » ou « Traverse ! » Et à ce moment tu te mettais à galoper comme un petit cheval de course et tu m'attendais sur le trottoir d'en face. Si une personne se trouvait dans les parages, elle ne pouvait s'empêcher de sourire et parfois de te complimenter.

Lorsque tu marchais à ma hauteur, tu levais la tête pour me regarder droit dans les yeux pour avoir confirmation que tu faisais ce qu'il fallait. Je te montrais que j'étais fière de toi en te disant « C'est bien ma Biby ! Maîtresse est fière de toi ! Tu es belle ! » Et nous poursuivions notre route. Si le trottoir n'était pas assez large pour nous deux, nous marchions en file indienne. Pas question pour toi de te mettre devant. Tu préférais me suivre « comme un petit toutou », dirait-on. Dès que je mettais mon pied pour atteindre un trottoir, tu savais que c'était le signal pour monter dessus toi aussi. Et nous poursuivions notre route côte à côte. Quand tu t'attardais à renifler un endroit qui te plaisait, t'intriguait, tu ne réagissais pas à mes appels.

C'était toute la facette têtue de ton côté teckel. Alors je te faisais un petit signe « au revoir » de la main tout en te le disant sur un ton léger, mais bien audible. Tu accourais le plus vite possible. Tu ne voulais pas que je m'éloigne sans toi. Pourtant, très souvent, c'était toi qui décidais du parcours. En effet, si tu ne voulais pas prendre la direction que je t'imposais, tu t'arrêtais net, la tête haute, les oreilles légèrement redressées, l'œil vif et tu ne bougeais pas d'un iota ! À ce moment je savais que tu avais un parcours défini dans ta petite tête de teckel têtue. Je te questionnais : « Tu veux aller où ? » Tu faisais un petit saut de cabri dans la direction souhaitée et je te suivais.

Tu étais heureuse, tu avançais d'un pas décidé en remuant ton petit derrière musclé. Si je refusais de te suivre, tu me rejoignais en « boudant ». Pour le coup, tu avançais difficilement, lentement pour me faire comprendre que tu n'avais pas envie de suivre le trajet que je t'ordonnais. Tu étais extraordinairement expressive !

Tu acceptais seulement la laisse lorsque nous allions croiser un chien ou un chat car tu savais que nous devions faire face à cette rencontre avec prudence.

Quand tu entendais les cloches de l'église sonner, tu me regardais et tu te dépêchais de prendre le chemin du retour car ce son était le signe que l'heure de ton repas avait sonné. Tu ne badinais pas avec le moment d'engloutir ton poulet !

Depuis quelques années je redoutais les promenades entre mars et juin car j'avais peur que ton museau entre en contact avec des chenilles processionnaires. Tu marchais fréquemment la truffe au sol. Tu flairais tout ce qui se trouvait sur ton passage. Un vrai chien de chasse ou trop curieux ! Combien de fois j'ai essuyé ta truffe par précaution. Pour en revenir aux chenilles, ces nuisibles descendaient des pins qui pouvaient se trouver sur notre parcours. Sachant que tu pouvais mourir si leurs poils urticants venaient à toi, j'avançais les yeux constamment rivés vers le sol ou bien je te portais. J'ai d'ailleurs donné rendez-vous à un journaliste du journal l'Est éclair en février 2020, devant un pin avec cocons pour alerter du danger de ces chenilles sur la santé publique de nos enfants et de nos animaux de compagnie. L'objectif étant que les propriétaires de pins se décident à couper et à brûler les cocons ou à mettre des pièges afin que les chenilles ne se retrouvent pas à défiler en file indienne dans l'herbe ou sur le bitume.

J'étais aussi toujours en alerte au cas où un chien agressif se retrouverait face à nous. Nous en avons fait l'amère expérience trois fois. Je t'ai portée pour te protéger à chaque fois. On m'a assuré que ce n'était pas une attitude à adopter, mais comment te laisser sur le sol, sans défense, face à un chien qui arrivait sur toi en grognant et en aboyant ; surtout face à un berger allemand comme ce fut le cas deux fois de suite.

Concernant notre rencontre avec le premier berger allemand, j'ai pu me réfugier rapidement dans une cour. Voyant l'animal qui se lançait sur nous, je t'ai prise dans mes bras et je suis entrée dans la propriété. Fort heureusement la grille n'était pas verrouillée. J'ai refermé aussitôt derrière moi. Lorsqu'il n'y avait plus de danger, nous sommes reparties. Je me suis sentie chanceuse et soulagée après coup.

Pour le second, c'est un voisin du propriétaire du chien en question qui lui a fait faire demi-tour en lui criant de rejoindre la cour de la ferme d'où il venait. Le chien lui a obéi en freinant des quatre fers. À nouveau soulagement car je pense que, dans ces deux cas, nous aurions pu nous faire croquer toutes les deux !

Le troisième chien était moins imposant que les deux précédents. La situation était plutôt comique. Ce chien, au pelage noir, a profité du fait que les enfants de la maison sortent dans la rue, pour prendre la poudre d'escampette. Il s'est précipité sur nous. Je t'ai attrapée et protégée du mieux que j'en étais capable en tournant sur moi-même, en te hissant comme je le pouvais l'instant qu'une personne sorte enfin le récupérer. Seuls, les enfants n'y arrivaient pas. C'était clairement toi que ce toutou voulait mordre... Tu avais compris car tu te tortillais contre moi. Tu secouais la tête dans tous les sens en grognant pour contre-attaquer.

Il est vrai que cette idée de protection était mutuelle. Je le voyais bien à la maison. Par exemple, dès l'instant où nous faisions venir notre chauffagiste… tu avais beau le voir tous les ans au moins une fois, tu avançais derrière lui telle son ombre et tu restais couchée devant la porte de la chaufferie pour le surveiller. Si du matériel lui manquait, tu le suivais à nouveau pour ensuite reprendre ta position de gardienne. Cela le faisait plutôt sourire.

Je me souviens aussi qu'en promenade, si des chiens aboyaient sur toi, tu en faisais de même rageusement comme pour leur dire « Qu'est-ce que vous me voulez ? Je me promène avec ma maîtresse ! » Tu ne saisissais pas que tout comme toi, ils protégeaient leurs propriétés.

Dans ton entourage, tu connaissais des congénères toutous plus sympathiques que ceux énoncés. Tu étais « amoureuse » de Diego, le berger des Shetland de notre petite voisine. Il t'aimait beaucoup également. Lorsque nous passions devant sa maison, il sortait de la cour et arrivait au-devant de toi en faisant le fier. Il avançait comme le font les chevaux de la garde Républicaine, en montant très haut ses pattes de devant, lentement, à une allure régulière. Toi, tu remuais la queue et dès qu'il était proche, tu sautillais en avant, la tête joyeuse. C'était rigolo de vous voir tous les deux ! Puis tu lui faisais savoir que tu voulais faire ton petit tour, qu'il fallait que tu poursuives ton chemin. Il retournait sagement chez lui. Malheureusement, Diego est parti trop tôt, lui aussi. Je pense que tu n'as pas compris pourquoi il ne venait plus à notre rencontre.

Tu as aussi été la copine de Free, la chienne springer spaniel de pépé et mémie. Étant d'une taille un peu plus grande que toi et plus jeune de deux mois, elle te faisait un peu peur. Elle était plus dynamique et plus brutale dans son attitude. En revanche, vous étiez toujours partantes toutes les deux pour aller ramasser des fruits et des légumes dans le jardin familial situé au bord du ruisseau. Vous nous ouvriez gaiement le chemin pour nous y rendre. Arrivés sur place, vous aimiez y déambuler et renifler les bonnes odeurs laissées par le passage des canards car ils venaient parfois déguster des légumes dans l'enceinte du jardin. Nous devions vous surveiller de près. Vous auriez pu avoir l'envie de plonger dans le cours d'eau pour les rejoindre. Tout comme toi, Free n'appréciait pas les chats. Elle les chassait de chez elle lorsqu'ils passaient sur le mur de clôture. Tu as continué son travail lorsque Free est partie, vers l'âge de dix ans. Sa santé ayant été malheureusement fragilisée plus jeune à cause d'une morsure de serpent. Après sa disparition, une fois arrivée chez pépé et mémie, tu faisais tes besoins pour marquer ton territoire. Tu te précipitais au fond de la cour, le nez en l'air en direction du passage des chats. Tu agitais ta truffe. Tu attendais ou tu faisais les cent pas. Je restais à te surveiller pour pouvoir te rentrer au cas où. Je ne souhaitais pas voir une bagarre chien contre chat !

Plus récemment, tu as fait la connaissance de la chienne de nos voisins Patate. Tu étais jalouse si je lui parlais et la caressais.

Sans oublier ton copain Socrate, un jeune setter irlandais, au pelage de la jolie couleur d'un écureuil. Dès qu'il nous apercevait, il arrivait au pas de course.

J'avais peur qu'il ne te monte dessus involontairement. Il a rapidement compris qu'il fallait s'approcher plus doucement pour ne pas t'effrayer. Si je le caressais trop longtemps en lui disant des gentillesses, tu tournais la tête ou tu t'éloignais pour « bouder ».

Lorsque tu ne pouvais plus marcher, que je te promenais dans mes bras, nous allions lui faire un petit coucou. Il s'installait, pattes de devant posées, croisées, l'une sur l'autre sur le muret et il se dandinait de joie de te voir. En dernier, il a remarqué que tu n'étais pas en forme. Il approchait sa tête près de toi pour te sentir et voulait te lécher. Toi, tu approchais un instant ta petite tête de la sienne également, peut-être pour lui dire au revoir.

En revanche, je devais te remettre ta laisse si nous croisions Orphée, une chienne labrador ou Graphite, berger australien. Elles possédaient tout comme toi, un fort caractère.

Cet été, nous avons fait la connaissance de deux jeunes adorables petits bouledogues français Starsky et Spoke. Ils voulaient venir vers toi, mais tu restais tout près de moi, me réclamant de te remettre ta laisse par sécurité. Leur souffle fort et leur corpulence t'effrayaient un peu, je suppose. Tu ne te sentais plus aussi gaillarde qu'autrefois, plus vulnérable.

Par contre, tu aimais bien faire un petit bout de chemin avec un petit copain yorkshire si nous prenions la même direction que sa maîtresse.

Je me rappelle que lorsqu'il pleuvait, ma vision était réduite par ma capuche. Tu profitais que j'étais engoncée dans mon vêtement de pluie pour t'éloigner de moi et explorer certains endroits.Très souvent, je paniquais de ne plus t'avoir à l'œil. Je t'appelais, et toi coquine, tu ne répondais pas. Tu ne revenais pas tout de suite à mes pieds. Tu en profitais pour aller derrière les arbustes dans le parc ou tu reniflais les plantes avec insistance. Chose que je n'aimais pas, tu le savais. J'avais peur que tu sois en contact avec un désherbant ou du poison car il y a eu une horrible période durant laquelle des chats et des chiens ont été empoisonnés. Tu semblais en faire un jeu. Lorsque tu comprenais à l'intonation de ma voix que mon angoisse était trop forte, tu réapparaissais en sautillant près de moi, l'air de dire « C'est bon je suis là ! » Sans ma capuche, tu restais bien sérieuse devant ou derrière moi.

Tu adorais rendre visite à papy et mamie. Lorsque je te disais « On va voir papy et mamie ! », tu partais devant. Tu connaissais parfaitement le trajet. Tu aurais pu y aller seule, « les pattes dans le museau » pour ne pas dire « les doigts dans le nez » ! Une fois arrivées devant leur grille, tu remuais la queue. J'ouvrais et tu courais. Tu ne m'attendais plus. Tu montais les petites marches en cinq-sept. Tu aboyais devant leur porte d'entrée pour leur indiquer notre présence. Ils t'ouvraient. Tu te dirigeais vers papy, tu aboyais pour qu'il te porte afin que tu fasses des bisous à mamie sur le nez pour lui dire bonjour.

Puis tu t'installais sur ton fauteuil pour surveiller l'éventuelle arrivée d'une tourterelle, d'un écureuil ou d'un chat l'instant que nous papotions. Pour regagner la maison, tu démarrais la première de façon énergique, toujours le museau sur le sol à l'affût d'odeurs. Tu dévalais de nouveau les marchettes menant dans la cour. Dans la rue, tu pistais les chats qui étaient passés par là. Tu te retournais pour voir si je suivais. Je te rattrapais en te disant de m'attendre. Si je m'arrêtais pour discuter, tu restais près de moi puis tu t'agitais si la discussion durait trop longtemps. Ensuite, tu redoublais de vitesse comme pour rattraper le temps perdu. Je te criais « Moins vite ! » Tu me lançais un regard furtif pour m'avertir « Je sais où on va. On se dépêche. Viens. J'en ai assez de vous entendre discuter ! » Je me mettais donc à courir pour te rejoindre et nous marchions à nouveau à l'unisson. Ton idéal de vie c'était prendre l'air, cheminer, cheminer et encore cheminer…

Durant le COVID, télétravail pour moi et les enfants ainsi que de belles promenades en compagnie de mamie. Tu avais pris l'habitude que nous allions la chercher. À peine le portillon passé, tu tournais à droite en direction de sa maison. C'est toi qui m'emmenais. Une fois arrivées, tu te positionnais devant mamie et tu aboyais en remuant la queue, en te trémoussant pour qu'elle s'habille et mette ses chaussures. Puis nous allions nous promener toutes les trois. Nous essayions de nous remonter le moral sur divers sujets. Tu avançais, mais tu te retournais de temps à autre pour voir si nous te suivions.

Nous nous sommes promenées dans le village en long en large et en travers toutes les deux. Il est difficile pour moi de ne pas être peinée lorsque je sors de la maison tellement ta silhouette est partout où je passe. C'est étrange, mais j'arrive à te visualiser en train de marcher, courir, traverser une rue au galop... Je suis comme imprégnée de toutes tes réactions, de tous tes mouvements, de toutes tes mimiques. Tes yeux qui se détournaient de mon regard lorsque tu boudais. Tes yeux qui me fixaient pour me forcer à faire ce que tu désirais. Tes babines qui s'étiraient de joie et de malice. C'est à la fois agréable de pouvoir encore réussir à sentir ta présence sans même en avoir la volonté, mais c'est aussi très douloureux. Tu hantes tous les lieux, les chemins, les rues... tel un petit fantôme. Ta présence physique me manque tellement ! Toi ma petite boule de poils réconfortante, mon antalgique naturel.

Fiby, tu étais une amoureuse des promenades en voiture et une bonne gardienne. Il y a de cela quelques années, tu adorais emmener Maia au collège puis au lycée. Tu étais sur ses genoux, bien sage. Lorsqu'elle quittait la voiture, tu la regardais s'éloigner. C'était aussi un pur bonheur pour toi d'aller la rechercher après les cours. À une époque, en 2014, tu avais quatre ans, la radio passait la chanson « Money on my mind » de Sam Smith. Maia s'amusait à chanter le refrain avec la même petite voix en te regardant. Tu l'observais et tu l'écoutais. On riait toutes les deux car on imaginait que si tu pouvais parler, tu aurais peut-être eu cette petite voix. :)

MA voiture était TA voiture. D'ailleurs, j'ai collé à l'avant, un autocollant portant ton prénom, conçu par 30 millions d'amis « Fiby à bord », ainsi qu'un grand nombre d'autocollants sur ma vitre arrière : deux chiens dont un teckel, une patte de chien, un chat, une coccinelle, une tortue, un lapin, un lézard, un taureau, deux moutons. Sur la plage arrière sont disposées deux peluches, une vache et un mouton avec un béret. Sans oublier, bien sûr, une photo de toi accrochée à mon rétroviseur intérieur.

Bien souvent, tu t'installais à mes côtés, en princesse lors de petits trajets, c'est à dire assise sur le siège passager et la patte droite sur l'accoudoir. Tu affichais un air curieux, sérieux et fier. Tu regardais tout ce qui se passait autour de toi. Tu me jetais un regard surpris et interrogateur si je me mettais à chanter ou si je faisais une remarque concernant un élément perturbateur sur ma route. Soit, je continuais de chanter et de réagir, soit je t'expliquais ce qui se passait. Dans les deux cas, tu finissais par m'oublier pour poursuivre tes observations extérieures. C'était plus intéressant.

J'aimais te faire un câlin ou te « donner la patte » lorsque nous étions à l'arrêt.

Lors de trajets plus longs, tu restais sur ton petit coussin bleu sur le sol, devant le siège passager. Tu appréciais moins le trajet car tu préférais voir le paysage. Quand je quittais la voiture, tu voulais toujours descendre pour m'accompagner. Ce qui n'était pas toujours possible. Tu me le faisais savoir en te mettant sur mon siège et en aboyant « Tu m'oublies ! Je veux venir avec toi ! » Mais impossible de faire les courses avec toi. Alors, après être revenue deux ou trois fois te faire signe de ne plus aboyer avec mon index sur ma bouche, tu m'attendais sagement. C'était toujours une immense joie de me retrouver même après une absence de quelques minutes. C'était la fête en voiture quand tu sentais l'odeur du poulet que je venais d'acheter pour faire tes repas. Je te préparais une ration ménagère à base de poulet, de haricots verts, pâtes ou riz car petite, j'ai tenté de te donner plusieurs sortes de croquettes, en vain. J'ouvrais le coffre pour y poser le sac. Tu humais la voiture de toutes tes forces pour sentir la bonne odeur de viande, tu remuais la queue et tu t'agitais. Dès que j'ouvrais la porte avant pour m'installer au volant, tu venais me faire un câlin ou une petite lèche comme pour me remercier. Une des raisons pour lesquelles un chien lèche les membres de sa famille, c'est pour leur signifier qu'ils font partie de sa meute. Cet acte a pour but de renforcer le lien qui les unit. Tu léchais ton maître ou Maia lorsqu'ils te demandaient un bisou. Me concernant, tu n'acceptais pas souvent. C'était plutôt moi qui te faisais très souvent de gros bisous. Je me dis que nous étions tellement collées l'une à l'autre, que tu n'estimais sans doute pas le besoin de renforcer nos liens. :)

À la maison, je ne pouvais même pas fermer la porte de la cuisine sans que je ne t'entende souffler fort sous la porte. Tu me faisais comprendre que je devais t'ouvrir, petite curieuse afin que tu t'installes près de moi dans ton petit fauteuil. Je te disais en rigolant « Regarde bien maîtresse. Demain, ce sera ton tour. Tu prépareras à manger. » Tu restais attentive, l'air sérieux, comme si tu acquiesçais.

En rentrant de promenade ou en descendant de voiture, tu aimais te rouler dans le gazon. Parfois, tu revenais de ta roulade, le corps plein de mousse. Tu étais verte comme le petit bonhomme de la publicité. Tu nous faisais rire. Je te frictionnais pour que la mousse tombe puis tu te secouais car tu n'appréciais pas que je te frotte la tête, le corps, les pattes.

Cela donnait cela, une fois le plus gros de la mousse tombée dehors...

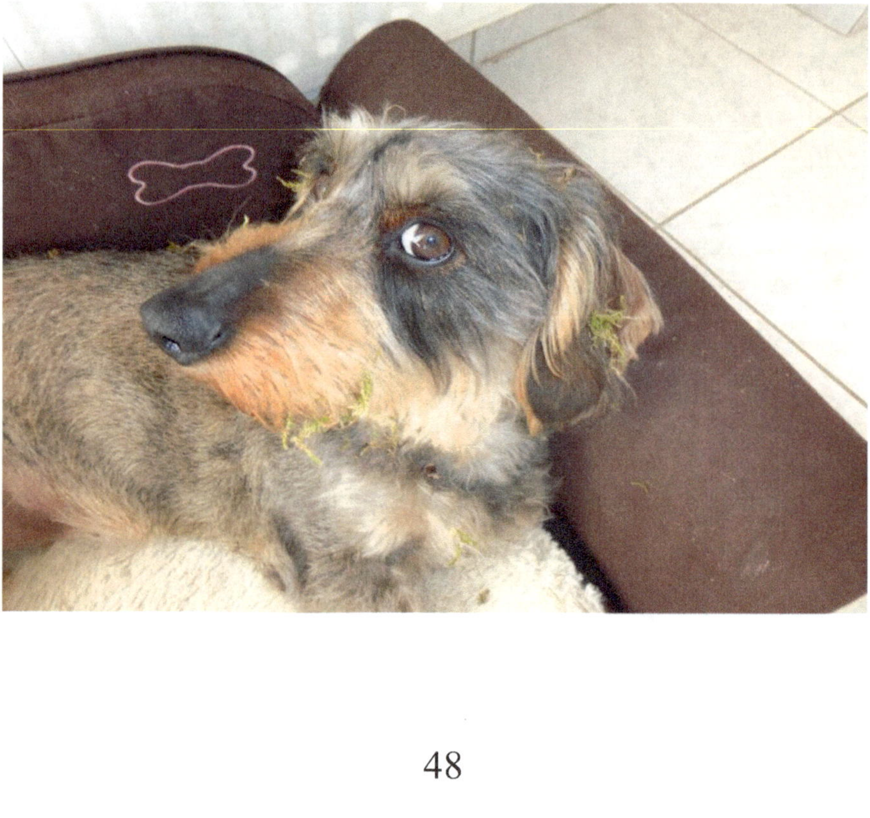

TA JOIE DEVANT LES CADEAUX DE NOËL

Le matin de Noël, une fois les cadeaux disposés sous le sapin, tu allais faire l'inventaire de tout ce qui se trouvait dessous. Tu étais toujours impatiente de déballer tes cadeaux. Nous te lancions « Non Biby, attends-nous » sinon tu aurais tenté de tout ouvrir. Tu aurais même voulu ouvrir ceux qui ne t'étaient pas destinés. Quand tu avais le feu vert, tu tombais en piqué sur le cadeau. Tu plongeais littéralement dessus. Tu grattais le papier avec hargne. Tu repositionnais ton nez afin de glisser ton museau à l'intérieur du paquet. Parfois tu utilisais tes petites dents pour déchirer l'emballage. Puis, une fois ouvert, comme les enfants, tu jouais un peu avec ton nouveau jouet. Tu le laissais ensuite de côté. Tu voulais continuer d'en déballer un autre. Tu avais une collection phénoménale de peluches. Collection que j'ai gardée exposée sur la chauffeuse.

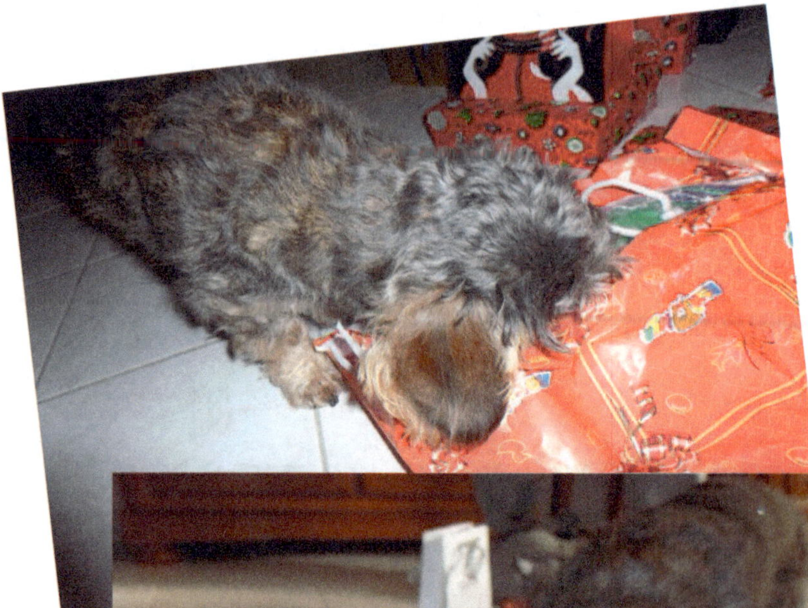

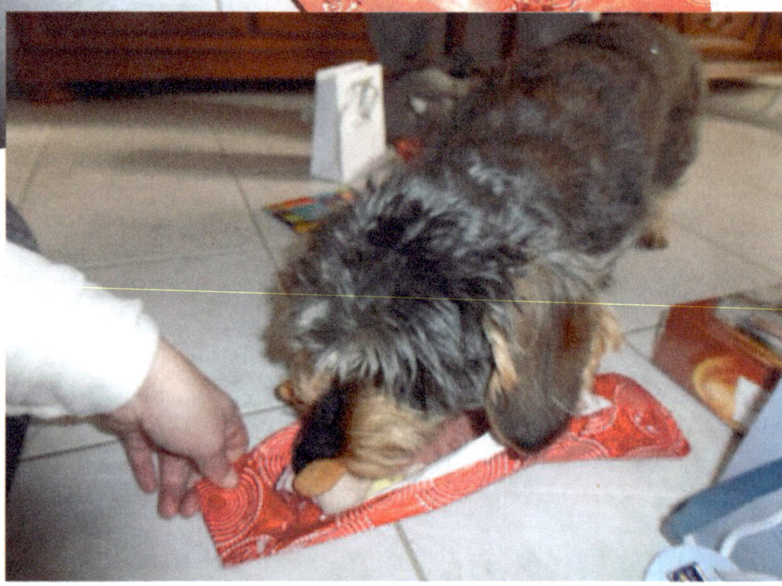

NOTRE RELATION D'AMOUR RÉCIPROQUE, TON SOUTIEN MORAL

J'étais totalement connectée à ton regard et toi au mien. Tu étais une partie de moi et j'étais une partie de toi. J'avais la sensation que nos âmes étaient liées. Même, vivante auprès de moi, je me suis souvent demandée comment je pourrais remplir ce vide quand ce serait l'heure de nous séparer. Tu savais quand je souffrais moralement ou physiquement.

Quand je me suis fait opérer du ménisque, tu as su poser ta petite tête sur mon genou opéré et tu voulais lécher mon bandage, sous-entendu « Je peux te guérir, moi si tu veux ! » Tu as fait de même avec ton maître.

Tu m'as accompagnée dans tous mes moments de tristesse. Tu m'as donné la force de m'accrocher dans les moments de désespoir. Tu m'apportais un doudou en le secouant et en grognant pour m'inciter à jouer, pour détourner mon attention de ce qui me peinait et m'abattait. Si tu n'obtenais pas de réactions positives de ma part, tu posais ta peluche et tu t'éloignais tête baissée, oreilles en arrière, queue entre les pattes. Je finissais toujours par aller te retrouver. Je te faisais de belles caresses. On se regardait. Tu as toujours eu ce regard profond, cherchant à comprendre et à s'impré -gner de ce que je pouvais bien ressentir. Tu te mettais en quête de savoir ce que mon regard pouvait bien te communiquer.

C'était comme si tu sondais mon âme pour comprendre ce qu'il m'arrivait. Je te parlais, je me confiais à toi pour me remonter le moral. Je te racontais mes misères. Je te caressais et je finissais par serrer ta petite tête contre la mienne ou je te serrais dans mes bras. Puis je restais allongée près de toi pour que la pression retombe. Tu me faisais du bien. Combien de fois, tu m'auras soutenue moralement sans en être consciente. À chaque fois que j'ai pu être blessée, malmenée psychologiquement dans mon cercle familial ou dans ma vie professionnelle, tu étais là pour m'aider à surmonter mes crises d'angoisse et de larmes. Tu étais là pour m'éloigner du gouffre qui m'aspirait quand je n'entrevoyais aucune solution à mes problèmes. Souvent, je me suis demandé ce que j'aurais pu devenir ou faire si tu n'avais pas été là ! Certaines personnes, dont le mal de vivre a eu raison d'elles, auraient-elles pu renoncer à disparaître si leur route avait croisé celle d'un petit poilu ?

Comment aurais-je pu résister à ta petite bouille surplombée par ces « cheveux » noirs de jais ébouriffés sur la tête ?

À ta manière de m'adresser ce regard profond ou malicieux ?

À la vue de ces petits trémoussements de ton corps et de ta queue ?

Au spectacle de tes babines qui s'étiraient comme pour me sourire ?

À cette volonté constante de chercher mon regard pour communiquer avec moi ou simplement pour voir si j'allais bien ?

Tu me suivais partout. Tu m'offrais ton pouvoir inné de me décontracter. Je jouais avec toi, mais pas longtemps car tu n'avais pas trop un tempérament de joueuse.

Tu étais surtout mon ange gardien rempli de tendresse, et moi, le tien.

Au Japon, Miho Nagasawa a du reste mis en évidence que lorsqu'un chien et son maître se regardent dans les yeux, le taux d'ocytocine (hormone de l'amour, du bonheur) augmente et renforce les liens affectifs chez les deux sujets. Cette étude a été réalisée avec 30 maîtres volontaires et leurs chiens ainsi que quelques étrangers. Tous ont été placés dans une pièce pendant 30 minutes. Les contacts, les prises de parole ont été observés. Au bout de 30 minutes, le taux de cette hormone s'est révélé élevé uniquement dans les urines des chiens et de leurs propriétaires.

Je trouve ce résultat d'étude fabuleux.

J'étais tellement heureuse avec toi, que mon taux d'ocytocine devait être incalculable. :)

Tu savais aussi me faire comprendre lorsqu'il était temps que je quitte mon bureau. Tu voulais que j'arrête de travailler, pour faire une « petite promenade ». Le mot « promenade » a facilement été ajouté à ton répertoire. Tu venais me chercher. J'entendais tes petites pattes arriver derrière mon fauteuil sur le carrelage. Je me retournais. Tu me fixais en remuant la queue, en frétillant comme un petit poisson. Je comprenais que ton envie de bouger était devenue trop forte. Tu tournais en rond dans la maison pour me montrer ton impatience. En vieillissant, tu as pris l'habitude de souffler un grand coup si je ne réagissais pas assez vite. Là, je m'exclamais « Oui, maîtresse a bientôt fini son travail ! » ou « Maîtresse arrive faire la petite promenade ! »

J'adorais les petits matins de très bonne heure. Lorsque ton maître se levait très tôt pour aller travailler, tu me rejoignais au lit. Tu mettais tes deux pattes avant sur le lit. Tu attendais. Je te hissais à côté de moi pour que l'on puisse dormir ensemble. Tu aimais te nicher entre mes jambes après avoir tourné en rond deux ou trois fois sur toi-même. Tu te laissais tomber. Tu appuyais bien ta petite tête sur moi pour bien te caler. Si je bougeais un peu trop, tu allais t'installer à côté de moi les pattes arrière étalées comme celles d'une grenouille. Nous dormions ainsi paisiblement jusqu'à ce que le réveil sonne sept heures, l'heure de nous lever pour me rendre au travail. Sinon, les jours de repos, il sonnait une première fois à sept heures, tu levais la tête, tu prenais ton cachet pour le cœur, tu reposais ta tête. Tu agissais comme un automate. Nous redormions aussitôt pour nous lever ensuite vers neuf heures pour que tu puisses prendre ton premier repas de la journée pour faciliter ta digestion. Avec tes soucis de pancréas, fractionner ta ration en trois repas nous avait été conseillé.

Le midi, lorsque je préparais ton repas tu tremblais en pleurant et en faisant de petits bruits étranges. Avec ton maître, nous nous sommes toujours fait la réflexion suivante : « Si une personne de la SPA était passée à ce moment, elle aurait pensé que tu ne mangeais pas à ta faim. » Moi Compagnon de la SPA et Maître de Cœur pour 30 Millions d'Amis car je donne une participation financière mensuelle aux deux associations en faveur de la cause animale ! Cela nous amusait. Tu étais une vraie petite gourmande. Tu dévorais ton repas à la vitesse de l'éclair tout en faisant cogner tes dents sur l'assiette. Nous étions obligés de te faire redresser la tête régulièrement pour que tu puisses savourer et mieux digérer.

Pendant des années, lorsque nous rapportions du pain, tu fonçais te mettre sur ton petit canapé en position de princesse, tête haute, coude sur l'accoudoir. Tu attendais ton croûton et tu le faisais croquer sous tes petites dents. Plus jeune, tu allais réveiller ta jeune maîtresse. Tu montais sur son lit et nous te donnions un morceau de brioche.

Je me souviens, par contre, que tu détestais te faire toiletter et prendre ta douche. Tu affichais un air de chien battu. Une fois sortie de la salle de bains, tu me maudissais. Je le voyais à ton regard. Tu partais vite te cacher dans la chambre et de colère tu grattais ton panier. Tu étais pourtant toute mignonne une fois toilettée et lavée. Ton maître avait l'habitude de dire qu'il te préférait quand tu ne ressemblais plus à « un petit hérisson ». Parfois, pour rire, il prenait ta petite queue bien taillée entre deux doigts et te disait « On coupe la queue queue ! » pour jouer. À ce moment précis, tu baissais les oreilles. Tu prenais un air triste et tu mettais bien ta queue près de toi entre tes pattes. Il aimait bien t'embêter et chahuter.

Tu n'en finissais pas de m'apprendre à aimer la vie. Tu étais dynamique et croquais la vie à pleines dents. Tu me transmettais cette énergie afin que je m'attache à aimer la vie moi aussi et que je me détache de mes tourments.

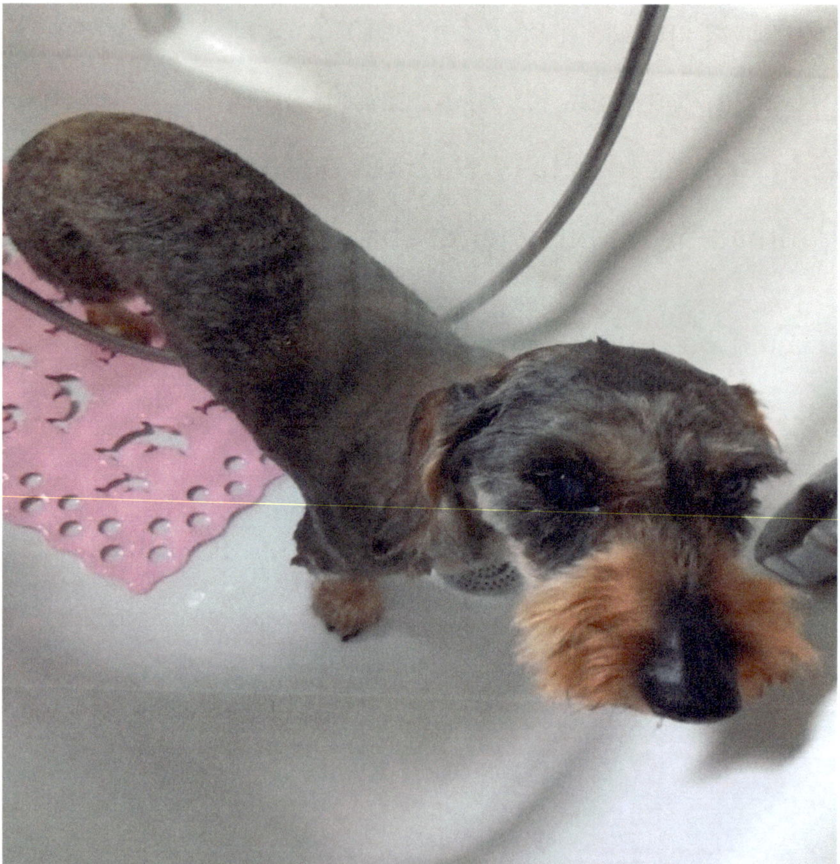

Comment vais-je m'habituer à ton absence ? Je n'en ai pas du tout envie. : /

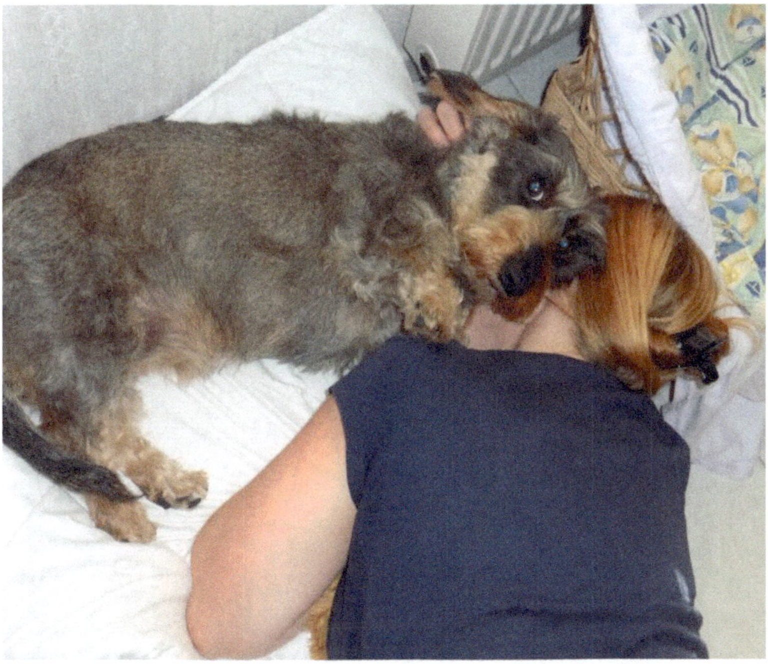

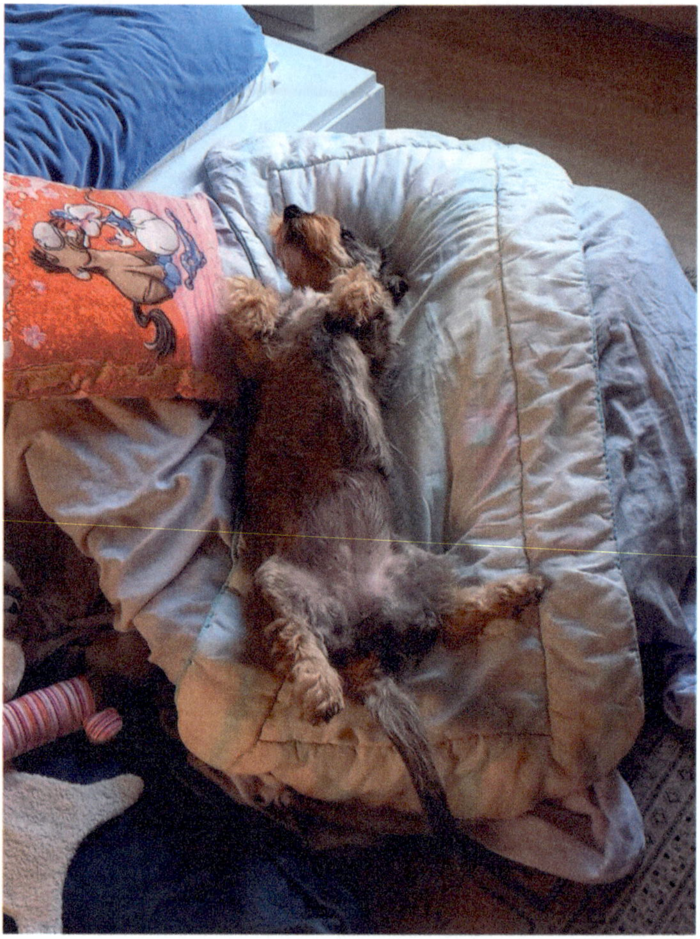

LE CAMBRIOLAGE, UNE EPREUVE DIFFICILE À SURMONTER

Samedi 14 janvier 2023

Je sais que, ce jour de janvier, tu as vécu la fin d'après-midi la plus pénible de ta vie !

Nous avons quitté la maison peu après seize heures trente pour aller faire quelques courses. Comme à notre habitude, lorsque nous partions de la maison, nous te rassurions en te disant : « Nous revenons vite. Sois sage. On t'aime. » Je te faisais toujours une petite caresse avant de refermer la porte en te disant à nouveau « Maîtresse revient ma louloute ! »

À notre retour vers dix-huit heures, il faisait déjà nuit. Ton maître a actionné le bouton de la télécommande pour ouvrir le portail. Puis il a ouvert le garage. En remontant dans la voiture pour la garer, il m'a dit surpris : « Fiby aboie ! » En effet, ce n'était pas dans ton habitude de te faire entendre. En principe, tu nous attendais paisiblement dans ton panier du bureau ou sur ton pouf dans la chambre. À chaque fois que l'on rentrait à la maison, nous ouvrions la porte en clamant : « Coucou ! Biby ! C'est nous ! On est revenus ! » Seulement à ce moment-là, tu nous rejoignais en remuant la queue, en poussant quelques petits gémissements de joie parfois accompagnés de petites gouttes d'urine si tu avais trouvé notre absence un peu trop longue.

Ce jour-là, nous sommes descendus de la voiture. Tu aboyais fortement. Ton maître a ouvert la porte menant à la maison. A peine l'avait-il ouverte que tu es allée en trombe dans le garage ! Tu semblais affolée ! J'étais proche de la porte de garage encore ouverte. Je n'ai pas eu le temps de te parler. Tout est allé très vite. Ton maître s'est interrogé à voix haute « Qu'est-ce qui t'arrive ? Pourquoi la porte du meuble à chaussures de l'entrée est ouverte ? Fifille t'as ouvert la porte ? » Je ne comprenais rien. Je suis restée dans le garage à te caresser, te calmer, mais je sentais que quelque chose ne tournait pas rond. Il a continué d'avancer en disant « Tous les tiroirs sont ouverts dans la chambre de Maialen ! » Je l'ai suivi et j'ai constaté par moi-même que notre maison ressemblait à un champ de bataille. Il faisait froid. Soudain, il s'est cxclamé « On s'est fait cambrioler ! » Mon sang n'a fait qu'un tour ! J'ai tout de suite pensé à ton état de santé. J'avais chaud. J'avais froid. Je tremblais. Je pleurais et je claquais des dents sans pouvoir me contenir.

Je me suis précipitée sur toi pour te demander : « Tout va bien mon petit amour ? Tu n'as pas bobo ? (bobo faisant partie de son répertoire). On ne t'a pas fait de mal ? » C'était LA question qui m'obsédait. J'étais angoissée, affolée à mon tour. Quelques années auparavant, j'avais eu vent qu'à cause d'un cambriolage, des habitants de la commune avaient retrouvé leur chien mal-en-point. J'étais certaine que ces intrus lui avaient aussi fait du mal pour atteindre cet ignoble objectif, dérober ce qu'ils voulaient. J'ai réalisé que la porte-fenêtre de la salle à manger était restée bien évidemment grande ouverte.

J'ai indiqué avec effroi à Patrice : « Si Fiby était sortie à brides abattues pour nous retrouver lorsqu'elle a entendu notre voiture rentrer dans la cour, nous aurions pu l'écraser. »

J'ai appelé la gendarmerie en essayant de retrouver mon calme, mais les larmes ne me quittaient pas. C'était compliqué, n'ayant en tête que le mal-être de Fiby. J'avais, en outre, la hantise qu'elle ait été victime d'un coup mal placé et qu'elle meure. La gendarme au bout du fil s'est montrée très compréhensive de la vive angoisse qui m'animait quand je pensais à la sécurité de ma Louloute. Elle m'a dit qu'une patrouille arrivait et m'a conseillé de la confiner dans la voiture pour qu'elle retrouve une sensation de sérénité. J'ai suivi son conseil.

J'ai ensuite appelé mes parents, (papy et mamie) pour leur expliquer ce qui s'était passé pendant notre absence et pour leur demander de l'emmener chez le vétérinaire pour y subir un bilan de santé, leur exprimant mes craintes sur une éventuelle blessure invisible à l'œil nu. Moi, je devais rester avec Patrice pour accueillir les gendarmes et faire notre déclaration de vol. Une fois les gendarmes partis, nous avons commencé à essayer de ranger ce que l'on pouvait, de ramasser tous les vêtements, la lingerie, les chaussettes et les draps pour les mettre à part en attendant de les laver. Je me sentais faible, vulnérable, sale et même coupable d'avoir laissé Fiby entre les mains d'horribles personnes ! Heureusement, elle n'avait rien au niveau clinique. En poursuivant notre ramassage de vêtements dans la chambre, nous avons découvert des excréments étalés sur le sol à plusieurs endroits. Ils avaient piétiné dedans. Nous avons supposé que notre petite puce avait essayé certainement de le ou les chasser et peut-être s'était-elle ensuite cachée sous notre lit.

J'ai été traumatisée par tout ce chantier dans notre chambre, et encore le mot n'est pas assez fort. Le matelas était déplacé. On ne pouvait pas mettre un pied devant dans la pièce. Tout était déplié, sans dessus dessous. Tous nos effets étaient sur et autour du lit. Ceux qui étaient dessous étaient salis par les excréments de mon pauvre nounou. Même après le nettoyage de mes étagères et de mon linge, j'avais une boule d'angoisse qui me montait dans la gorge à chaque fois que j'ouvrais mes grandes portes de placard. J'étais énervée. Je pleurais. J'ai mis du temps avant de tout ranger.

Je me suis libérée de ce dégoût inconsciemment après ton décès. Maintenant, lorsque j'ouvre mon armoire, je te vois me fixer longuement, avec insistance. Tu m'accompagnes. J'ai récemment compris pour quelle raison.

Un fait étrange s'est produit samedi 2 novembre 2024 en fin de journée. J'ai décidé de bien agencer mes affaires dans ma grande armoire. J'avais mis mes tee-shirts, pulls, sous-vêtements... sur le lit. Tu étais dans ton panier dans le couloir. De temps à autre je te regardais. Soudain tu as essayé de te lever. Je me suis hâtée de venir près de toi pour maintenir ton petit fessier et t'aider à tenir debout. Je pensais que tu avais envie d'aller faire un petit pipi. Mais non. Tu voulais juste venir dans la chambre près de moi. Je t'ai aidée à t'installer dans ton panier rouge juste à côté de moi. Tu gardais la tête haute, ton regard fatigué me fixait sans sourciller. Durant tout le temps du rangement, tu n'as pas cessé de m'observer, de m'écouter. J'avais le cœur en compote, mais j'essayais d'avoir un ton léger « Maîtresse range ses chaussettes... Hop dans le tiroir... » Tu ne bougeais pas. On se retrouvait souvent les yeux dans les yeux. Une fois mon rangement terminé, je t'ai fait un câlin et je suis allée préparer le dîner.

Tu es restée dans notre chambre pour te reposer avant que nous venions te chercher pour manger. Il y a peu de temps, j'ai découvert avec stupeur, douleur et bonheur que ce long moment de partage, tes yeux plongés dans les miens, toi buvant mes paroles, moi qui te parlais et appréciais de t'avoir avec moi, avait certainement un but. Un but qui n'était pas anodin ! Je l'ai réalisé environ un mois après ton décès. Un jour, j'ai éclaté en sanglots au moment où je suis arrivée, les bras chargés de linge, devant mon armoire. J'ai réalisé, que depuis ta perte, à chaque fois que je faisais glisser la porte de mon armoire, je repensais à tes yeux me fixant, mes paroles. Instant rempli d'amour et de nostalgie. Cela me faisait du bien. Je ne pensais plus au cambriolage. J'ai pensé avoir compris le message que tu voulais peut-être me faire passer. Tu étais désireuse de me faire savoir que tu n'avais rien pu faire pour empêcher cette ou ces mauvaises personnes d'entrer et de tout déranger.

À bien y réfléchir, tu souhaitais sans doute, aussi, que je pense à toi à chaque fois que j'ouvrirais cette armoire et non aux « pattes sales » des voleurs venus entacher mon intimité ! Tu m'accompagnais de si près, que tu n'as pas pu passer à côté de ma souffrance qui a suivi cet événement. Peut-être que tes yeux me signifiaient « Je t'ai aimée. Je t'aimerai toujours maîtresse. Crois en mon regard. Pense à mon regard quand je t'aurai quittée. Nos deux regards ne feront qu'un. » Je regrette de ne pas avoir stoppé mon rangement pour te prendre dans mes bras et te rassurer. Il ne te manquait que la parole. On pourrait me dire, non tu n'y es pas, c'est de l'anthropomorphisme ! Tu as tendance à attribuer à ta louloute des réactions humaines ! Ce n'est qu'un animal. Pourtant, je pense que nos petits compagnons poilus, s'ils vivent au contact de personnes aimantes qui les éveillent, les éduquent et leur parlent comme des membres à part entière de la famille, nos petits poilus finissent par réagir comme nous, êtres humains, mais parfois en mieux.

Subir ce vol d'objets précieux que je ne remplacerai jamais d'ailleurs, a été un traumatisme pour moi. Ne pas savoir ce qu'on t'a fait, imaginer qu'on ait pu te faire du mal me laissera toujours une vive amertume, un sentiment de douleur et de culpabilité ! Encore aujourd'hui, on a beau me dire que je n'y suis pour rien, que ce n'était pas prévisible, je me sens malheureuse et très affectée par cet horrible évènement ! Mon plus beau bijou c'était TOI. Tu valais beaucoup plus que tout l'or du monde et bien sûr que tous ces humains au comportement immonde.

Désormais je penserai toujours à ta petite tête d'amour quand je rangerai mes vêtements.

À la suite de ce cambriolage, je n'ai jamais pu te laisser seule pendant notre absence. Nous avons mis au point une nouvelle routine. Si ton maître était du matin, je prévoyais ton repas et tes médicaments dans une petite glaciaire blanche et je t'emmenais chez papy et mamie. Papy venait t'ouvrir la porte du passager. Tu aboyais joyeusement tout en remuant la queue en le voyant descendre rapidement les marches qui menaient à la voiture. Il te disait toujours « Ma chérie ! Bonjour ma chérie ! » Puis il t'emmenait faire un bisou à mamie qui te disait également « Bonjour mon bébé. » Papy te posait sur le sol et tu allais t'allonger sur le fauteuil la tête en direction de mamie qui s'installait sur la table pour couper ta viande. Avant de partir, je te faisais un gros bisou et je te disais « A midi ! Sois sage et mange bien ta soupe ! » Je n'avais pas à m'inquiéter pour toi ni pour ton appétit d'ailleurs.

Tu te retournais face à la vitre pour me regarder passer. Je te faisais encore un petit coucou. Dès que je descendais les marches pour me rendre dans la voiture, tu sortais vite de la maison pour te positionner entre le houx et le lilas pour me voir quitter la cour. Tu étais attendrissante. Je te faisais à nouveau au revoir de la main. Puis tu rentrais prendre ton repas.

Durant la matinée, papy te promenait. Vous aviez votre petit parcours. Au retour, s'il se mettait à discuter avec ses voisins, tu aboyais. Il t'ouvrait la grille. Tu courais aboyer à la porte d'entrée pour que mamie t'ouvre. Si papy ne te suivait pas, tu retournais le chercher. Cela le faisait rire !   :)

Lorsque je te récupérais le midi. Je rentrais la voiture dans la cour. Je descendais. Le premier son qui me venait aux oreilles c'était ta voix « Ça y est ! Elle est là. Maîtresse vient me chercher. » Je passais devant la porte-fenêtre ; tu te tortillais dans tous les sens, ton regard rempli de joie de me revoir. Nous discutions un instant de ta matinée. Lorsque, par mes mouvements, tu constatais que nous allions partir, tu me regardais fixement, tu te levais si tu t'étais recouchée sur ton fauteuil et tu aboyais pour leur dire au revoir. Papy te portait à nouveau pour que tu fasses un bisou à mamie et pour t'installer sur le siège du passager. Tu te positionnais parfois la patte sur l'accoudoir. Tu les regardais nous dire au revoir.

Je démarrais, te regardais en te disant « On rentre à la maison. » Ton regard me fixait comme pour approuver et c'était parti.

En arrivant, je te descendais et tu allais te mettre devant le portillon. Une fois dans la cour, tu reniflais l'herbe sur le côté, faisais ton petit pipi et tu te rendais devant la porte du garage pour que nous puissions rentrer ensemble pour manger ou plutôt dévorer, en ce qui te concernait, notre déjeuner.

C'était le même rituel si je devais t'emmener chez eux après le déjeuner. Toutefois quand mamie n'était pas là pour t'accueillir, tu la cherchais partout. Tu faisais une sieste puis ta petite promenade quotidienne avec papy.

Depuis ce jour maudit, ce traumatisme que tu as subi, en voulant, j'en suis certaine, défendre notre maison, il était hors de question que je te laisse seule. Papy et mamie ont su prendre soin de toi. Ils t'aimaient énormément. Ils te considéraient comme leur deuxième petite fille car tu leur donnais beaucoup d'amour toi aussi.

Depuis septembre Maia qui ne travaille pas loin, vient déjeuner à la maison. Dès que je te ramenais, tu étais d'une vivacité dans l'allée qui mène à la porte d'entrée. Tu arrivais la première. Tu aboyais devant la porte en remuant la queue. Tu savais que Mama était arrivée à la maison avant nous ! Tu étais si heureuse ! Tu te précipitais dans la cuisine pour lui faire la fête dès que j'ouvrais la porte. Elle aussi était heureuse de passer une heure avec son « petit lardon », petit surnom qu'elle t'avait donné.

Lorsque ton problème de paralysie est apparu, tu continuais de te précipiter dans l'allée. Tu tombais, te relevais et ainsi de suite. Tu avais une telle force, un tel amour pour Maia, pour nous. J'avais de la peine. Je te disais d'aller doucement, de faire attention, mais rien n'y faisait. Tu te réjouissais trop de revoir ta Mama. :)

PREMIÈRE ALERTE !

Vendredi 9 septembre 2022

En allant nous coucher, nous avons été surpris de te voir arriver dans le couloir avec ton doudou koala en le faisant couiner. Tu as voulu monter sur le lit pour venir jouer avec nous. Toi qui ne jouais plus beaucoup depuis longtemps, tu grognais, tu secouais ton koala dans tous les sens avec des yeux remplis de malice. Nous avons adoré ce moment. Nous nous sommes demandés quelle mouche t'avait piquée ! Nous étions loin de nous douter de ce qui allait se passer le lendemain. En effet, le jour suivant, en fin de matinée, sont apparus les premiers symptômes angoissants d'une pathologie qui allait devenir chronique...

Samedi 10 septembre 2022

En revenant de la piscine, j'ai découvert que tu avais rendu dans plusieurs endroits de la maison. Tu continuais de rendre, rendre... Tu te mettais le ventre à terre. Tu allais très mal. Nous t'avons emmenée d'urgence à la clinique dès que ton maître est rentré. Nous étions paniqués. La vétérinaire disponible ce jour-là, t'a prélevé du sang et nous a annoncé que tu faisais une pancréatite, que c'était grave. La machine n'avait pas réussi à calculer ton taux de lipase.

En-dessous de 200 ng/ml, le taux est normal ; entre 200 et 400 ng/ml, le taux est suspect et enfin au-dessus de 400 ng/ml, on parle de pancréatite. Il fallait donc t'hospitaliser au plus vite durant quelques jours. Elle ne nous a pas caché que tu pouvais ne pas t'en sortir. La nouvelle fut comme un coup de poignard. Cette première frayeur m'a fait prendre conscience à quel point je t'aime. J'ai décidé de consigner quelques notes sur toi dans un carnet pour ne pas oublier, pour ne pas t'oublier. Pendant ton séjour d'une semaine, j'ai écrit ces phrases « Je veux que tu guérisses. Je ne supporterais pas de te perdre ! J'ai besoin de ta présence et de ton amour ! Bats-toi mon toutou ! Tu es déjà une battante pour combattre ce maudit souffle au cœur présent depuis octobre 2016 et tu y arrives ! Alors, bats-toi. Je t'aime trop et je pense très fort à toi ! » Le compte-rendu de cette hospitalisation a notifié « une inflammation en zone pancréatique sur pancréatite avec cholangite assez marquée. » Que de mots barbares pour une petite louloute si adorable ! La vétérinaire a réussi à te sortir d'affaires à notre grand soulagement !

Ce fut le début d'une longue série de contrôles du taux de lipase, d'échographies abdominales, d'un traitement conséquent et la mise en place d'une hygiène de vie stricte : poulet cuit dans l'eau, haricots verts vapeur, riz ou pâtes, une petite cuillère de yaourt 0% ou de Skyr. Tu avais le droit à un petit biscuit de régime en forme d'os. Tu adorais ton petit biscuit. Heureusement tu prenais tous tes cachets sans soucis. D'autres petits loulous auraient pu refuser. Tu étais formidable.

Fin septembre, nous t'avons donc ramenée à la clinique pour que la vétérinaire qui avait pris en charge ton hospitalisation réalise un bilan de santé. Tu es arrivée dans le bâtiment en aboyant comme à ton habitude. Puis elle a appelé « Fibouille ? » (petit surnom qu'elle t'avait donné). Tu t'es empressée d'aller dans la salle de consultation. Ton maître t'a mise sur la table pour subir tes examens. Et là, oh surprise ! Toi qui, en principe, ne sourcillais pas, une fois posée, tu as remué la queue et tu as sauté au cou de la docteure pour lui faire un gros bisou. Tu n'avais jamais eu ce genre de réaction auparavant. Sauter au cou d'un vétérinaire pour l'embrasser relevait de la fiction, étant donné l'état de nerfs dans lequel tu arrivais. Tu faisais ta caïd en arrivant puis ta petite poule mouillée ensuite. Tu te faisais la plus discrète possible. Nous avons compris tous les trois que tu étais reconnaissante auprès de cette dame qui t'avait sauvé la vie ! Formidable réaction de remerciement. Elle a souri et t'a parlé gentiment.

Quelques mois après ton hospitalisation, tu semblais avoir retrouvé la forme. Cliniquement, tu allais bien pourtant ton taux de lipase variait. Ton régime alimentaire semblait te convenir. Tu étais énergique en promenade. Tu étais malicieuse. Je voulais que cela dure. En revanche, tu t'étirais beaucoup. J'espérais que ce n'était pas parfois de douleur.

Le 23 décembre 2022

Tu as accouru dans le bureau prendre ton tigre resté sur la chauffeuse et tu as couru comme une flèche dans la chambre de Maia, enfin ta chambre. Depuis que Maia était partie, tu te l'étais appropriée. ;)

J'ai quitté ma chaise pour t'y retrouver. Je t'ai pris ton tigrou assez difficilement. Tu résistais, grognais. Tu étais parfois une bagarreuse. J'ai réussi à te le faire lâcher. J'ai saisi ton lion en plus du tigrou. Je les ai lancés tous les deux ensemble dans le couloir. Tu ne savais plus où donner de la tête. Tu m'as bien fait rire. Finalement tu as choisi le lion et tu es repartie dans ta chambre avec. Toutefois, tu te fatiguais un peu plus vite.

Quelques mois plus tard, au début du printemps 2023, tu as fait preuve d'un comportement extraordinaire, voire totalement insolite. C'était un dimanche dédié à un important vide-grenier, organisé par la commune. Ce jour-là, nous sommes allés chercher notre pain dans la boulangerie du village avec toi. Il y avait beaucoup de monde. Fiby, tu n'étais pas spécialement à l'aise au milieu de toutes ces jambes qui passaient près de toi.Tu étais stressée par toutes les odeurs qui émanaient des différentes personnes, les bruits des discussions environnantes, l'excitation ou les pleurs d'enfants. Tu n'avais pas l'habitude de te balader dans de telles conditions. Tu semblais sur tes gardes, en alerte permanente, d'autant plus que tu avais subi de terribles émotions durant le cambriolage en janvier. Tu avais conservé des cicatrices de cet effroyable contact humain.

Tu te trouvais, pour la première fois depuis cet événement, au milieu d'une foule d'individus. Tu semblais comme prise d'« ochlophobie », oreilles baissées, mouvements corporels de droite, de gauche pour esquiver cette foule qui empruntait en masse notre parcours habituellement si tranquille. Nous avons regretté notre initiative de faire cette petite course à pied avec toi. Nous ne pensions pas trouver autant de monde ! En quittant la boulangerie, nous avons donc décidé de contourner l'église pour prendre ensuite une petite rue un peu moins fréquentée que la rue principale. Arrivée dans cette rue, nous avons enlevé ta laisse. Tu n'aimais pas être attachée. Tu préférais faire la grande en marchant seule à côté de nous. Tout à coup, tu as avancé d'un pas plus que rapide pour nous distancer. Nous nous demandions bien pourquoi ! Nous avons accéléré et t'avons rappelée. Tu t'es dirigée droit sur une dame avec un long manteau marron clair. Nous pouvions la voir de dos.

Elle était, à priori, avec ses deux enfants. En approchant de cette dame, tu remuais la queue. Tu semblais la connaître. Elle s'est retournée. Tu as mis tes pattes avant sur elle. Nous avons constaté avec stupéfaction que c'était la vétérinaire qui t'avait aidée à guérir lors de ton hospitalisation. Fait incroyable, tu l'avais vue et sentie de loin malgré le fait qu'elle n'avait pas sa tenue professionnelle et malgré les odeurs de tous ces passants. Tu voulais qu'elle te fasse un câlin. Ce qu'elle a fait en s'adressant à toi gentiment. Nous avons donc échangé quelques mots. Tout comme nous, elle a été surprise de ta réaction. Ton comportement relevait de la fiction car il y avait ce jour-là, je suppose, un mélange de tellement d'odeurs différentes ! Si nous avions vu ce genre de scène dans un film, nous aurions été sceptiques sur le fait que cela puisse se produire dans la Vraie Vie.

Et pourtant, nous t'avons vu agir ! Tu avais des superpouvoirs mon bébé ! Selon les scientifiques notre corps et notre cerveau ont le potentiel de réaliser des exploits surhumains. Je crois que pour toi nous pouvons dire des exploits de «super teckel ». Nous n'oublierons jamais ce qui s'est déroulé ce dimanche, ni moi, ni ton maître, ni la vétérinaire !

DEUXIÈME HOSPITALISATION, UN AN APRÈS

En septembre 2023

Deuxième hospitalisation un an après la première. Comme la vie est bizarre !

Au retour de notre promenade, tu t'étais allongée sur le canapé et tu ne voulais plus bouger. Tu refusais de boire. Je t'ai signifié « Si Biby ne boit pas, Biby bobo ventre. Docteur » en touchant le bas de ton ventre. Tu t'es levée brusquement. Tu as remué la queue et tu as voulu descendre du canapé. Tu m'as suivie partout. Le plus souvent lorsque je prononçais le mot « docteur », tu baissais les oreilles vers l'arrière. J'ai senti que ce n'était pas normal. J'ai tout de même essayé de me rassurer en te disant plusieurs fois « Mais non, Biby pas bobo ! ». J'avais tort ! Lors de notre promenade, j'avais déjà constaté que tu étais indécise, mais je n'y avais pas porté plus d'intérêt que cela. Tu allais dans une direction et quelques pas plus loin, tu rebroussais chemin. Tu l'avais fait à plusieurs reprises. Je pensais tout simplement que tu étais de mauvais poil. C'était déjà sans doute un signe avant-coureur ! Environ une heure après notre retour à la maison, tu as déclenché une nouvelle crise pancréatique. J'avais mal de te voir rendre, t'aplatir le ventre sur le sol, faire plusieurs selles très molles. Je me sentais impuissante ! Je t'ai donc emmenée en consultation. Un docteur t'a fait passer une radiographie et t'a prélevé du sang. En attendant les résultats, tu étais assise au bout de la table, collée tout contre moi. Je sentais ton cœur battre très fort. Le verdict est à nouveau tombé : le taux de lipases est monté à 900 ng/ml. Hospitalisation nécessaire ! Lorsque le docteur t'a pris dans ses bras pour t'emmener dans un petit box, tu t'es laissée porter, mais tu t'es retournée. Ta petite tête m'a regardée tristement. Moi aussi. Il a dit « C'est pour te guérir ! »

Il a senti ta peine et la mienne. J'ai insisté sur le fait que, depuis un moment, pour que tu fasses tes besoins, nous te disions « Allez, pipi ! » sinon tu ne faisais pas. Il m'a répondu en rigolant « Ça va aller ! » Puis nous sommes sortis de la salle de consultation. Il a tourné à gauche, toi dans ses bras, pour prendre le couloir menant à ton box. Tu t'es retournée encore une fois. Je t'ai confirmé que j'allais revenir mon petit nounou. Que c'était à nouveau difficile de te savoir à la clinique pour moi et pour ton maître dès qu'il est rentré du travail !

En revenant seule, je ne pouvais pas m'empêcher de regarder le pouf vide avec sa couette bien en place alors que tu aimais la mettre en boule avec tes pattes avant, ton panier marron dans lequel j'avais l'impression de te voir tellement tu te fondais dans le décor, comme un caméléon. Seule ta petite barbiche et tes petites pattes blondes te trahissaient. Et enfin le panier rouge du bureau dans lequel tu aimais être le dos contre la chauffeuse pour bien te caler ou les quatre pattes en l'air en position du guetteur aérien, comme disait ton maître. Ton maître t'a apporté ton petit tapis bleu et une serviette de la maison pour que tu te sentes mieux et que tu comprennes que nous allions revenir. Il les avait déposés à l'accueil.

J'ai pensé très fort à toi. J'imaginais ta solitude, peut-être ta peur de ne plus nous revoir. J'espérais que tu allais t'accrocher à la vie une fois de plus. J'avais hâte d'avoir de tes nouvelles. Lorsque le vétérinaire nous a appelés le lendemain pour nous donner des nouvelles rassurantes, j'étais euphorique. Il m'a dit que tu avais mangé et que j'avais raison, tu avais fait tes besoins sur commande, comme je le lui avais signalé.

Le 31 octobre 2023

Pas de chance, tu as dû subir une exérèse d'une masse à la babine. Le résultat de l'analyse indiquait « une lésion à critères cytologiques ambigus de malignité. » Il fallait prévoir une autre opération pour enlever un peu plus de peau autour de la lésion que l'on t'avait retirée pour éviter tout autre problème.

Le 27 décembre 2023

Tu as donc supporté une nouvelle exérèse, plus large, de ta tumeur pour éviter que d'éventuelles cellules malignes ne restent présentes. J'ai dormi quinze jours à tes côtés pour que tu ne te grattes pas la babine et que tes fils tiennent le choc. En effet le port du carcan s'est révélé compliqué. Je t'entendais de notre chambre te cogner dans le couloir. J'ai préféré te prendre avec moi dans la chambre de Maia. Je me réveillais au moindre mouvement ou bruit que tu faisais. Tu as eu le droit à de gros câlins et bisous réconfortants.

Une année s'est écoulée, contrôle sur contrôle : prises de sang, échographies abdominales, traitements... Mais nous avons réussi à te stabiliser et à éviter une nouvelle crise.

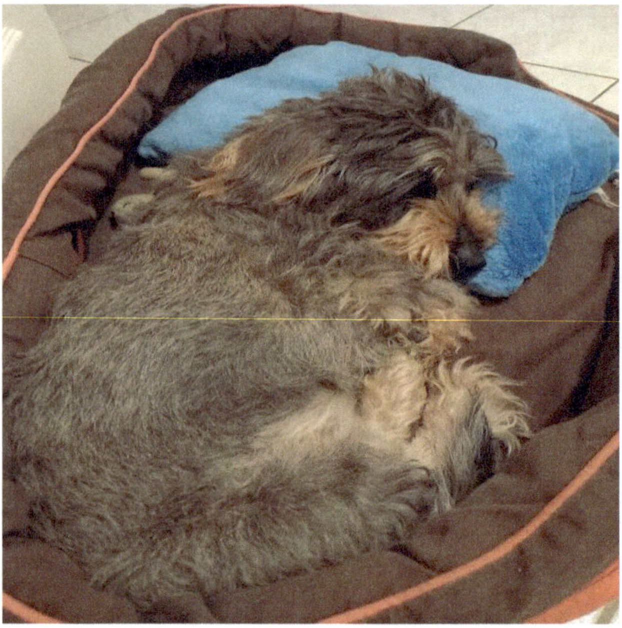

Jusqu'à...

LA CONSÉQUENCE D'UN ACTE MALVEILLANT ?

Dimanche 26 mai 2024

Jour de la fête des Mères. J'étais heureuse d'avoir mes deux filles près de moi, Maia et toi ma fifille poilue. C'était une belle journée ensoleillée. Après le repas, nous nous sommes promenés. Tout comme moi, tu étais ravie d'être en compagnic dc Mama. Malheureusement, le soir venu, vers dix-neuf heures, nous avons raccompagné Maia et son ami à leur voiture dans la rue. Tu es restée dans la cour.

En franchissant le portillon pour rentrer chez nous, tu étais dans le gazon et nous nous sommes aperçus que tu croquais quelque chose ! Je me suis dépêchée de te rejoindre pour essayer de te faire recracher ce que tu mangeais. Sans succès. J'ai baissé la tête en direction de l'herbe. Là, devant moi il y avait un trou au cœur d'un pissenlit où se trouvaient des petites croquettes de formes rondes et triangulaires. J'ai paniqué. Ton maître et moi, nous nous sommes demandés QUI avait pu bien mettre ce tas de croquettes dans notre cour, positionnées dans le creux de cette fleur ! Surtout avec QUELLE INTENTION ? Nous sommes rentrés à la maison et j'ai téléphoné à notre vétérinaire. Pas de réponse. J'ai appelé les urgences de Reims. L'urgentiste m'a dit qu'il fallait l'amener dans l'heure pour la faire vomir.

Dans l'heure, c'était compliqué ! J'ai rappelé les urgences rattachées à notre clinique. J'ai enfin eu une personne qui m'a dit de lui donner trois sachets d'Ulcar pour qu'elle puisse rendre et qu'elle serait vue en consultation le lundi matin. Il était apparemment impossible d'obtenir une consultation avec un vétérinaire de garde. C'est ce que nous avons fait péniblement. Fiby avait des difficultés à prendre les sachets. Soudain elle a vomi. Je me demandais si cela suffisait. Si elle avait bien rendu ce qu'elle avait ingéré. Nous sommes allés chez nos deux voisins avec les croquettes dans un sachet pour leur demander si elles pouvaient provenir de chez eux. Nous les avons comparées. Non. De toute façon, il est vrai que si un chat les avait rendues, elles auraient eu un autre aspect. Je voulais mettre du sens sur la présence de ce tas de croquettes trouvé dans notre propriété. Le lendemain, comme nous travaillions, papy et mamie l'ont emmenée chez le vétérinaire avec les croquettes que j'avais ramassées pour les faire analyser.

A priori, tu allais bien. Rien de particulier n'avait été détecté.

À mon grand regret, les croquettes ne pouvaient pas être analysées. Ce qui pourtant aurait été essentiel pour moi, pour me rassurer ou au contraire pour éviter toutes conséquences sur ta santé. Ce tas de croquettes dans cette fleur, déposé plus que certainement par la main humaine, restera un mystère. Aucun animal ne dépose d'aliments de la sorte. Que venaient-elles faire dans notre jardin, de plus clôturé ? Je ne le saurai jamais. Comme je ne saurai jamais si elles étaient contaminées par une substance chimique qui aurait pu avoir un impact négatif petit à petit sur ta santé.

Oui, tu avais une pancréatite chronique, mais je ne peux que me demander quelle a été la conséquence de cette ingestion malvenue sachant que le 22 avril 2024 ton échographie abdominale n'avait décelé aucun problème de santé. Apparemment, tu n'avais rien cliniquement, mais, malheureusement, toi, qui étais fragile au niveau digestif, te forcer à rendre n'a vraiment pas été une bonne action. Ton état de santé a décliné.

Ensuite, il y a eu des hauts et des bas. Je culpabilise de ne pas avoir mis la main dessus avant toi.

As-tu par la suite mangé autre chose déposé dans le jardin que je n'aurais pas vu ?

Ai-je réussi à bien te protéger ma petite gueule d'amour ?

D'ILLUSIONS EN DÉSILLUSIONS...

Samedi 13 juillet 2024

Matin synonyme de panique ! Tu as pris ton repas puis tu t'es précipitée pour sortir dehors et tu n'allais vraiment pas bien. Je te surveillais et malheur ! C'était reparti ! Vomissements mousseux blancs et tout ce qui s'ensuivait ! J'ai appelé la clinique, mais malheureusement, aucun vétérinaire n'était disponible ! Vacances d'été, veille de fête nationale ! Je me suis empressée de contacter une clinique à Reims. Rendez-vous pris à seize heures pour consultation et échographie abdominale.

Papy et mamie sont venus nous chercher pour t'y emmener car ton maître travaillait. Le voyage s'est bien déroulé. Tu n'as pas eu mal au cœur malgré l'heure et demie de route. Arrivés sur place, nous nous sommes présentés puis nous avons attendu dans la salle d'attente. Tu ne connaissais pas le lieu. Tu étais plutôt calme.

Lorsque nous sommes entrés dans la salle de consultation, la vétérinaire a fait un bilan avec nous de tes soucis de santé : deux pancréatites en septembre 2022 et septembre 2023 vomissements réguliers, diarrhées avec selles boueuses et hématochézie (sang dans les selles) depuis peu. Bon appétit, mais des phases d'abattement. Elle t'a auscultée, tes muqueuses étaient roses, ton souffle systolique évalué de grade 4/5 sur 6, température 39°C, palpation abdominale modérément tendue...

Puis elle nous a informés qu'elle devait t'emmener faire des examens complémentaires dont une échographie. Elle nous a demandé de patienter dans la salle d'attente. Le temps passait lentement. C'était oppressant. La docteure nous a rappelés. Je ne me doutais pas que ce qui allait suivre serait aussi déstabilisant, stressant et sombre. L'échographie abdominale a montré une masse suspectée d'origine pancréatique infiltrant le duodénum en faveur d'un processus tumoral agressif en priorité (adénocarcinome pancréatique, lymphome, autre), moins probablement un processus bénin (adénome). Deux nodules hépatiques et une hyperplasie surrénalienne complétaient le tableau. Nous sommes devenus blêmes tous les 3. Je n'ai pas pu retenir mes larmes. Papy et mamie n'étaient pas bien non plus.

— Pour avoir plus d'informations, il faudrait faire des cytoponctions de la masse pour identifier ce que c'est, nous a-t-elle annoncé.

— Est-ce que c'est dangereux de ponctionner une tumeur ? Des cellules malsaines ne vont pas aller ailleurs dans son organisme ?

— Non, il n'y a aucun risque. La ponction se fait de

façon bien précise et nous saurons ce qu'est cette masse, c'est à vous de décider !

— Faudra-t-il l'endormir ?

— Non, pas besoin.

— Elle va avoir mal ?

— Non.

J'ai appelé ton maître pour ne pas prendre la décision toute seule car l'acte me faisait tout de même peur. La vétérinaire lui a expliqué ce qu'ils allaient te faire. Il a accepté. Moi aussi. Nous t'avons laissée entre les mains des docteurs le temps de l'acte médical. Puis nous t'avons retrouvée. J'avais l'impression que ton petit bidon était plus chaud.

J'avais peur que tu aies tout de même mal mon petit nounou. Il fallait désormais attendre les résultats. Le retour à la maison s'est déroulé dans une ambiance de profonde tristesse. Les informations reçues étaient graves, douloureuses et donc difficiles à accepter.

Qu'allait-on identifier avec cet examen ? Mon angoisse de maîtresse ou plus de « maman toutou » était à son paroxysme.

Dimanche 14 juillet 2024

Jour de fête Nationale, en principe de joie grâce aux diverses festivités : soirée dansante, repas, feu d'artifice... Mon cœur et mon moral étaient en proie à une énorme souffrance. J'étais comme étourdie, vaseuse. Toi, mamie et moi nous sommes promenées un peu. Tu as voulu prendre la direction des champs. Malgré tes soucis de santé, tu courais devant nous. Tu voulais peut-être nous montrer que tu étais forte. J'y ai cru. Je me suis dit « ma petite louloute, tu vas surmonter ce cap. La situation n'est peut-être pas aussi désespérée qu'elle y paraît. Tu as bien des boules de graisse. Tu peux aussi avoir des nodules non cancéreux.» C'était bien un cancer qui était envisagé même si ce mot n'avait pas encore été prononcé.

Lundi 15 juillet 2024

Tu avais rendez-vous pour une échographie cardiaque à dix heures parce qu'à ta dernière visite chez le vétérinaire, l'écoute de ton petit cœur semblait différente. Le cardiologue devait vérifier ce qu'il en était avant octobre, date du contrôle programmé. En effet tu avais deux contrôles par an, en avril et en octobre. Ce lundi il y a eu confirmation que ton souffle s'était aggravé. Tu as passé une radio pulmonaire pour contrôler l'état de tes poumons. RAS. Il fallait juste te donner un cachet supplémentaire au dîner. Évidemment, j'évoquais avec ton cardiologue le rapport de la consultation d'urgence faite à Reims ce 13 juillet et les suspicions qui en découlaient. Je n'avais pas encore les résultats des prélèvements.

— La clinique de Reims a repéré une masse au pancréas qui infiltre le duodénum.

Voici le compte-rendu de la visite. (Je montrais le rapport.)

— Ce n'est pas bon signe. Même chez un homme, ce type de cancer emporte les personnes en 3 mois. Le pancréas est un organe particulier.

Vlan ! Une nouvelle claque ! Un argument qui m'a paralysée. J'avais de nouveau très peur ! J'essayais de me convaincre que si c'était une vilaine tumeur, nous allions tout faire pour lutter contre elle. Je me disais que je ferais tout ce qu'il fallait pour toi. Je me rendais compte que vivre sans toi serait un supplice. Tu étais de petite taille, mais tu remplissais la maison de ta chaleur, de ta douceur, de ta bonne humeur, de ton amour pour notre famille ! Je me suis rendue compte que je ne pouvais pas faire une action en ta présence sans te dire ce que je faisais. Tu m'écoutais et me regardais attentivement et parfois tu penchais la tête pour te concentrer davantage et réussir à comprendre ce que je te dévoilais. Tu étais adorable ! « Maîtresse va faire ceci...cela... ». Tu étais très souvent près de moi sauf quand je mettais le son de l'ordinateur. Cela te dérangeait et tu filais sur le pouf dans la chambre de Maia.

Attendre les résultats a été long et difficile. Fin juillet, un soir, vers 20 heures, le téléphone a sonné. C'était la clinique de Reims qui appelait. Je décrochais la boule au ventre. La vétérinaire qui avait reçu Fiby en consultation m'a communiqué que les résultats ne mettaient pas en évidence de cellules cancéreuses. Nous devions prendre rendez-vous pour un contrôle en septembre ou octobre pour voir l'évolution. Sur le moment, j'étais plus que soulagée.

Je m'attendais tellement à des propos sombres, négatifs. J'en pleurais de joie. Je t'ai enlacée, cajolée et fait de gros bisous en te disant « Tu n'as rien de grave ! Je suis contente. Je t'aime ! »

Le fond du frottis mettait en évidence « un nodule d'hyperplasie pancréatique ou un adénome ».

Nous avons donc pris rendez-vous à Reims pour le 16 octobre pour suivre l'évolution de cette masse. En l'écrivant, je me dis que j'aurais sans doute dû prendre rendez-vous plus tôt. Est-ce que l'issue aurait été la même ? Est-ce que nous aurions pu prolonger ton existence de quelques jours, de quelques mois ?

Ton vaccin étant prévu le mercredi 31 juillet, nous en profitions donc pour communiquer la conclusion issue des ponctions au vétérinaire cardiologue de notre clinique habituelle.

« Fiby a de la chance. C'est rare ! Habituellement ce genre de masse n'est pas sans conséquences ! Tant mieux pour Fiby ! », nous a-t-il avoué.

Nous en sommes restés là en nous disant que pour une fois nous étions chanceux.

Fiby allait vivre !

Cet été 2024, nous sommes restés tranquillement à la maison tous les trois. Nous ne sommes pas partis en vacances. Ta santé oscillait entre des moments où tu étais énergique, tu mangeais bien avec des selles plus ou moins belles et des moments où tu n'étais pas en forme. Tu vomissais surtout entre cinq heures et sept heures du matin. Nous nous sommes mis à surveiller toutes tes selles (couleur, aspect, forme, odeur). Je suis devenue une experte en « coproanalyse ». J'aurais d'ailleurs souhaité que tes selles soient analysées. On me répondait que ce n'était pas utile. Pourtant... Une coproculture n’aurait-elle pas mis en évidence quelque chose d’autre ? Je ne cesse de me flageller de tas et de tas de questions depuis cette échographie du 13 juillet...

Samedi 17 août 2024

Tu as déclenché une grosse crise. Nous t’avons donné les médicaments du protocole que nous devions suivre. Malgré tout, tu es restée allongée toute la journée. Tu te levais, te couchais plus loin. Tu salivais… En fin d’après-midi, ne supportant plus de te voir en détresse, j’ai appelé notre vétérinaire traitant pour lui communiquer ton état et obtenir un rendez-vous. Il nous a dit : « Je connais bien l’état de santé de Fiby. Vous faites déjà tout ce qu’il faut pour elle. Je la verrai dimanche matin en urgence. »

Nous t’avons donc emmenée le dimanche 18 août. Cliniquement tu allais mieux. La crise était passée. Le vétérinaire a tout de même renforcé ton traitement avec du kaopectate mélangé à de la poudre de montmorillonite pour améliorer la qualité de tes selles et la mise en place d'un antibiotique.

L'automne 2024 a été marqué par une santé qui se détériorait par moment, mais aussi des moments de répit et donc d'espoir.

En revanche, mi-octobre, tu as commencé à manifester des troubles de locomotion. Tes deux pattes arrière déviaient sur le côté par moment.

PAS MAINTENANT, C'EST TROP TÔT !

Mercredi 16 octobre 2024...

Le compte à rebours est lancé...

La vétérinaire de Reims qui nous a reçus, après avoir pris en note nos informations sur tes problèmes digestifs : la diarrhée, les selles sombres, les vomissements au petit matin dont une sanglante, les difficultés à avancer, ta faiblesse, t'a auscultée. Elle a trouvé ton abdomen un peu tendu, peut-être dû au stress. Tu commençais à avoir un affaiblissement de ton train arrière. Il se mettait de travers. Elle a appuyé à différents endroits de ta colonne vertébrale et nous a dit avoir décelé sans doute un problème de hernie discale. Elle a plié le bas de tes pattes vers l'arrière pour observer ta réaction. Réaction plus longue que la normale. Tu aurais dû remettre tes petites pattes vers l'avant plus rapidement. Puis elle t'a emmenée dans une autre pièce de la clinique pour te faire subir une batterie d'examens dont l'échographie abdominale de suivi de ta pathologie, une prise de sang et une radiographie des poumons.

Je l'ai regardée emmener mon bébé poilu dans ses bras. Son maître et moi avons été renvoyés dans la salle d'attente.

Après de longues, longues minutes d'attente, une assistante vétérinaire t'a ramenée en laisse. Tu étais heureuse de nous revoir, mais tu avais des difficultés à maintenir tes pattes arrière bien parallèles et tu avançais difficilement. Tu daguais énormément. Sans doute le stress ou la chaleur. Ton maître est allé chercher ton petit bol et ta petite bouteille d'Évian pour « conserver la jeunesse de ton corps », comme proclame la publicité. J'avais l'habitude de te le dire en rigolant et en espérant que tu resterais jeune le plus longtemps possible. Nous devions encore attendre le résultat de ta prise de sang avant de revoir la docteure. L'attente était interminable et stressante !

Enfin, la vétérinaire a annoncé « Fiby ! » de la porte de sa salle de consultation. Seule sa tête dépassait. Elle nous souriait. Nous devions traverser le long couloir avant de la rejoindre. Fiby peinait à avancer, mais la vétérinaire continuait de nous sourire. À ce moment, je pensais que son état devait être stable car je me fiais à son sourire. Erreur....

La porte refermée, son sourire a disparu instantanément et elle nous a annoncé d'une voix claire et catégorique qu'elle n'avait pas de bonnes nouvelles à nous annoncer. Selon elle, Fiby avait, ce qui semblait être, des métastases sur différents organes y compris dans sa colonne vertébrale, expliquant ses difficultés pour se mouvoir ainsi que des ulcères à l'estomac. Elle nous a expliqué que son état général s'était malheureusement bien dégradé.

C'était à confirmer avec d'autres cytoponctions. À reconduire au plus vite, afin de, peut-être, envisager une chimiothérapie. Ce serait la cancérologue de la clinique qui nous en dirait plus.

Ces mots m'ont totalement anéantie. Fiby, métastases, état général dégradé, cancérologue… J'étais comme plongée dans un brouillard épais. Ce n'était pas MA réalité. MA réalité c'était une Fiby au caractère fort, qui aimait courir, secouer ses doudous en grognant, qui m'imposait ses parcours en promenade, qui mangeait goulûment, piquait des courettes après les oiseaux ou les chats, qui me procurait de la force pour avancer dans ma vie chaotique... Elle ne pouvait pas être la proie d'un cancer ! Pas ma louloute !

Je me suis assise pour écouter la suite de son compte-rendu. Le pronostic était sombre. Un énorme gouffre s'ouvrait devant moi. La chute allait suivre et je ne m'en relèverais pas ! Ton maître est resté debout, mais son visage s'est fermé. Il souffrait en silence. Tu étais assise à ses pieds. On pouvait lire dans ton regard fixe que tu plongeais dans le mien : « Pourquoi tu pleures ? Pourquoi te mets-tu dans cet état ? Qu'est-ce qui se passe ? » Pendant la conversation, je te regardais par moment. Ton regard ne bougeait pas d'un poil.

J'essayais d'orienter la vétérinaire sur des paroles positives, des nodules étaient déjà présents en juillet. Ils n'étaient pas considérés comme des nodules cancéreux ! C'étaient sans doute les mêmes ! Cet été, après trois longues semaines d'angoisse, une attente infernale, en ce qui me concernait avec des retournements de pensées alternant entre idées négatives et positives, on nous avait finalement appelés pour nous dire que ces nodules étaient bénins malgré l'infiltration sur le duodénum... Elle m'a dit qu'elle comprenait, mais restait sur sa position. Nous devions prendre rendez-vous avec la cancérologue pour en savoir plus. Je perdais tous mes repères. Je ressentais une vive douleur en moi, ma tête se faisait légère, brumeuse comme pour quitter cet endroit qui me donnait tant de souffrances. Je voulais me déconnecter de cette réalité irrecevable, inconcevable. Ce n'était pas possible, pas maintenant. Je ne voulais pas te perdre maintenant.

Tu avais encore tant à m'apporter et moi aussi. Nous venions à peine de retrouver Maia pour vivre à nouveau de beaux moments ensemble. Tu prenais plaisir à la voir tous les jours. J'ai fait comprendre à la vétérinaire que nous étions fusionnelles, que tu devais vivre. La preuve en était, tes yeux fixant toujours les miens. On se passait difficilement l'une de l'autre.

Ton maître restait silencieux, mais je savais qu'il souffrait terriblement lui aussi.

J'ai fini par répliquer avec une immense tristesse accompagnée de colère contre ce destin qui n'en finissait pas de nous jouer des sales tours : « Elle est tout pour moi, pour nous... Personnellement, je ne sais absolument pas comment je vais réussir à vivre sans ma louloute poilue, ma fille, ma fille poilue, mon nounou... » Comme si mon discours pouvait changer les faits. Impossible, je le comprenais bien, mais j'étais secouée par cette tempête qui s'était déclarée en moi à la suite de ce discours pessimiste. Elle m'a demandé si ça allait. Je lui ai répondu « NON ». Comment aurais-je pu lui répondre « OUI » alors que mon monde était en train de s'écrouler littéralement comme un château de cartes. Elle n'était pas en cause, mais je n'acceptais pas son discours. Elle a terminé en nous disant que nous pouvions joindre la clinique si besoin.

Dans ma tête, les questions tournoyaient en boucle, une tornade de questions et de doutes m'envahissaient à m'en rendre malade. Est-ce qu'on nous avait menti en juillet ? Est-ce que l'analyse avait été correctement réalisée ou interprétée ? Est-ce que j'avais fait tout ce qui fallait ? Est-ce que tu allais réussir à lutter contre ce monstre qui avait jeté son dévolu sur toi et qui envahissait ton corps ? Tout l'amour qui nous unissait t'aiderait-il à surmonter cette épreuve ?

Le temps que ton maître passe aux toilettes avant de partir, je me suis retrouvée seule dans la salle d'attente avec toi que je serrais fort contre moi et que j'embrassais à n'en plus finir ! Je relâchais un peu plus la pression et mes sanglots m'étouffaient, me faisaient mal. Je manquais d'air. J'avais honte de pleurer si fort. Un couple avec un jeune chien de chasse noir et blanc étaient présents. Je m'excusais de mon attitude auprès d'eux. La dame m'a dit comprendre. Le chien regardait Fiby en remuant la queue, me regardait. Lorsque son tour est arrivé, au passage, il a voulu se rapprocher de nous comme s'il voulait me consoler ou interagir avec toi, toute penaude sur mes genoux. Je savais que je t'angoissais, mais je n'arrivais pas à me calmer. Le contre coup était trop dur.

Puis nous avons réglé et nous sommes partis.

Ma petite Fiby ! Mon amour ! Mon bébé ! J'aurais tout donné pour toi si j'avais pu ! Tu faisais partie des canidés, moi des êtres humains. Certes, nous provenions de deux mondes vivants bien distincts et pourtant la vie nous avait réunis dans une seule réalité d'amour qui dépassait toute notion d'espérance de vie. Je trouvais cela tellement injuste. Toi qui m'a aidée à maintes reprises à retrouver le sourire, à me ressaisir. Tu m'as même sauvé la vie ! Tu as fait partie de ma thérapie en m'aidant à sortir d'un état dépressif dans lequel j'ai pu sombrer. Tu m'as aidée à surmonter ce sentiment d'être coincée entre deux mondes, celui des vivants et celui des morts, lorsque j'ai été confrontée à des événements qui me dépassaient et pour lesquels je ne voyais aucune solution. Ma petite boule poilue, tu m'as aidée à continuer d'avancer et de ne pas perdre pieds dans les moments où le moral était au plus bas. J'ai réussi avec une force que je n'imaginais même pas possible de poursuivre ma vie sociale : voir des amis, travailler...

Ma vie était cousue de descentes et de remontées, telles des montagnes russes, mais je tenais bon grâce à ta présence. Je ne le dirai jamais assez, FIBY, tu as été mon moteur, mon canot de sauvetage... Je ne voulais pas te laisser mourir. Pourquoi n'aurais-tu pas la chance d'atteindre au moins 17 ans ? L'âge auquel des petits teckels comme toi s'éteignent, parce que c'est dans l'ordre des choses imposées par la nature. Tu étais aussi LE canot de sauvetage de papy et mamie. L'annonce d'une vie écourtée pour leur

« petit cœur poilu », leur « petite mémère », était difficile à supporter pour eux également.

Le retour à la maison ce soir-là a été plus que difficile ! Tout comme à l'aller, tu étais couchée à mes pieds dans la voiture. J'avais retiré mes chaussures pour ne pas te blesser et sentir ton petit corps chaud et douillet contre mes pieds. Je me disais que tes poils avaient bien repoussé pour avoir chaud cet hiver. Un signe que tu devais pouvoir vivre l'hiver avec nous...

Ce soir-là tu as mangé normalement. Je n'ai pas pu avaler grand-chose tellement mon corps était encore sous le choc des paroles énoncées par la vétérinaire. Ton maître n'avait pas le moral non plus.

« Il faut qu'on mange pour que l'on puisse s'occuper d'elle » m'a raisonnée ton maître.

Oui, j'étais d'accord sur le principe. Mais comment ne pas sombrer après cette nouvelle ?

Tu m'apportais tellement de courage. Tu aimais encore me montrer que tu étais forte et protectrice. Comme, lorsque récemment, un jour de juillet 2024, nous attendions patiemment ton maître sur un emplacement d'un parking d'un concessionnaire automobile. Toi, tu étais assise sur mes genoux, la truffe en éveil, sentant les odeurs inconnues de cet endroit. Une personne s'est approchée de ma voiture pour me saluer par une poignée de mains. Malgré mes avertissements, il a passé sa main par la fenêtre et tu l'as pincée légèrement pour lui signifier « Attention ! ». Mignonne, mais ferme.

En promenade si nous étions amenés à croiser une personne qui t'inspirait peu confiance, tu me regardais et tu accélérais le pas en la surveillant pour m'indiquer « Méfie-toi ! », surtout depuis le cambriolage du 14 janvier 2023…

Jeudi 17 octobre et vendredi 18 octobre 2024

En cette fin de semaine, tu n'étais pas en forme. Je devais aller travailler. Comme d'habitude je t'ai emmenée chez papy et mamie. Ma petite Fiby, tu étais allongée sur le siège, la tête appuyée de mon côté. Je te câlinais en attendant que la grille se referme. En arrivant, papy accourait pour t'ouvrir la porte et te dire, toujours avec la tendresse habituelle, « Ah ! Ma chérie. Bonjour ma petite chérie ! ». Puis il t'emmenait dire bonjour à mamie qui t'attendait sur le pas de la porte. Elle te faisait un bisou et toi, une petite lèche sur le nez. Papy te déposait sur le fauteuil pendant que mamie s'occupait de réceptionner la glacière contenant ton repas ainsi que ta trousse de médicaments. Tu me regardais partir au travail depuis ton fauteuil. Je te disais de bien manger, que j'allais travailler et que je revenais à midi te chercher. À travers la fenêtre de la salle à manger, je prononçais « je t'aime ! » et t'envoyais un baiser avant de rejoindre la voiture. Tu n'es pas sortie.

J'ai appelé durant la récréation pour prendre de tes nouvelles. Tu avais difficilement mangé ta soupe du matin.

Vendredi matin, tu allais encore moins bien. Je n'ai pas pu m'empêcher de pleurer après avoir raccroché.

Lorsque je t'ai récupérée le midi, tu avais tout de même la force de t'agiter sur ton fauteuil. Tu aboyais dans ma direction et dans celle de papy et mamie pour nous indiquer que c'était l'heure de rentrer à la maison pour déjeuner. Papy t'a posée sur le siège avant, t'a répété qu'il t'aimait plusieurs fois et tous deux t'ont embrassée. Nous sommes reparties.

Arrivées devant notre maison, j'ai descendu tes affaires puis je t'ai déposée sur le trottoir. Tu avançais difficilement. J'ai ouvert le portillon et tu as commencé à accélérer le pas, mais tu t'es emmêlée les pattes arrière, tu es tombée sur les fesses, tu t'es relevée et ainsi de suite jusque devant notre porte d'entrée. Tu as aboyé en remuant la queue car tu savais que ta petite maîtresse Maialen était arrivée. Maia t'a caressée, embrassée et parlé…

La retrouver le midi nous faisait du bien à toutes les deux.

J'attendais les vacances avec impatience pour pouvoir être au maximum près de toi...

Samedi 19 octobre 2024

Enfin les vacances, mais j'étais inquiète, tu n'arrivais pas à faire tes besoins. Ton maître et moi avons opté pour te donner un morceau de pomme pour commencer.

Samedi soir, victoire ! Tu as réussi à évacuer une selle ! Depuis ta première pancréatite en 2022, j'étais obsédée par tes selles, révélatrices de ton état de santé et j'étais alternativement heureuse ou dépitée si j'y voyais du sang !

Toujours pas de compte-rendu de la visite du 16 octobre !

Tu marchais de plus en plus mal, renonçais même à certains moments. Ton train arrière avançait en crabe. Je devais désormais, de façon intermittente, te maintenir l'arrière ou positionner légèrement mes mains de chaque côté au cas où... Quand tu ne voulais pas bouger, je me mettais à décomposer un mouvement de marche pour t'inciter à te mouvoir ou je marchais à quatre pattes à côté de toi. Je constatais qu'avancer seule devenait de plus en plus compliqué pour toi. Dans la cuisine la vue de ton assiette te décidait à faire un effort. En fin d'après-midi, ton maître avait eu l'idée de mettre une serviette sur le gazon. Tu t'allongeais dessus. Je passais mes pouces le long de ta colonne jusqu'aux pattes pour te masser et te faire du bien. Ainsi je me disais que je reconnectais peut-être tes nerfs. J'étais attristée de te voir ainsi.

Tout à coup, une force s'est emparée de toi pour te lever et te déplacer en crabe, puis retomber, te relever tout en aboyant rageusement. Tu avais entendu ou senti un groupe de personnes avec un chien et tu voulais défendre ta propriété. Tu étais chez toi. Un sursaut de protection t'avait dominé puis plus rien. Je suis allée te chercher. Tu étais assise en bordure de clôture et tu ne bougeais plus. Nous sommes rentrées.

Le soir, tu as mangé. J'étais contente. Nous t'avons donné une gélule contre les douleurs, prescrite le 16 octobre, mais ce médicament t'affaiblissait davantage et te rendait malade durant la nuit.

La nuit, je ne dormais que d'une oreille et me levais rapidement quand tu avais besoin de mon aide. Je m'habillais aussitôt que je t'entendais remuer ou gémir...

Dimanche 20 octobre 2024

Anniversaire de Maialen, ta grande sœur ! Déjà 26 ans ! J'étais heureuse de pouvoir fêter son anniversaire. Tu me montrais que tu étais également contente qu'elle vienne. Habituellement, je n'avais qu'à te dire « Mama va venir voir Biby.» et tu me regardais l'air joyeux tout en remuant la queue. Là, tu étais couchée. En m'entendant dire cette phrase, ta tête s'est relevée doucement et tes oreilles se sont redressées légèrement. Tu avais compris. Nous avons passé un bon moment ensemble. En fin d'après-midi, tu montrais des signes de faiblesse. Je me suis mise à pleurer à tes côtés. Je voulais être à la hauteur de ton affection et t'aider du mieux que je pouvais... Comme tu l'avais fait pour moi. Tu m'as tirée vers le haut quand je me sentais tirée vers les bas-fonds. Ton regard profond dans le mien m'implorant de remonter la pente, ta manière de gesticuler autour de moi pour me demander de changer d'air, d'avancer, de te suivre dans une longue promenade, respirer l'air frais, oxygéner nos neurones.

Avancer ensemble en cohésion dans la nature comme pour mieux avancer dans la vie. Me regardant comme pour me dire « C'est bien maîtresse, on y va ! Tu as vu je fais ce qu'il faut pour te faire plaisir. Je t'écoute. On est bien. » Je voulais, moi aussi te tirer vers le haut, mais je ne savais pas comment faire, comment te rebooster ! Je me sentais totalement impuissante.

Lundi 21 octobre 2024

C'était le jour de ma fête ! Je t'ai caressée longuement. J'ai essayé de stimuler ton train arrière de mes mains, mais rien n'y faisait et cela m'affectait énormément. J'ai donc eu l'idée de te commander un appareil à roulettes pour t'aider à marcher un peu, que tu retrouves le moral. Toi qui adorais arpenter le village la truffe en bas, à tout renifler même ce qu'il ne fallait pas parfois. J'avais hâte de le recevoir !

Mardi 22 octobre 2024

Tu étais patraque. De nouveau constipée. Ta paralysie s'affirmait de plus en plus. J'ai appelé le neurologue de Reims. Il m'a conseillé de t'acheter des microlaxes pour bébé et de t'amener faire des examens car ce n'était pas normal que tu ne marches plus en une semaine de temps. Papy et mamie sont passés te voir. Tu as réagi un peu. Papy s'est allongé vers toi et t'a dit qu'il t'aimait en pleurant. Mamie était également triste de voir « sa gentille petite mémère » affaiblie, triste... Nous voulions tant que tu ailles mieux, que tu essaies de te déplacer par toi-même. Je tentais de t'encourager à te lever et à faire quelques pas. Soit tu ne voulais pas, soit tu ne pouvais pas. Je me suis mise par-terre à tes côtés, j'ai regroupé mes jambes, les ai pliées ensemble et j'ai exécuté des petites glissades sur la hanche pour me mouvoir tout en t'implorant d'cssayer.

Tu as enfin essayé en entendant mes appels qui te suppliaient. Tu t'essoufflais, mais tu y parvenais avec moi. Je réalisais que c'était difficile pour toi. Par conséquent j'étais fière de toi. Le soir, pas facile de te mettre le microlaxe. Mais c'était nécessaire. Ton maître m'a aidée. Nous t'avons parlé gentiment. Je devais faire en sorte que ton anus reste bien serré pour plus d'efficacité du produit... Ma pauvre louloute !

Ta délivrance s'est produite à un peu plus de 22h. Nous avons entendu du remue-ménage dans la chambre. C'était impressionnant ce que tu avais pu faire. La vue et l'odeur étaient difficiles à soutenir, mais nous étions soulagés que tu aies pu faire tes besoins. Bien sûr, nous avons dû te laver et laver la chambre, aérer. Tant pis pour tout ce que cela avait occasionné. Malgré ta faiblesse, tu avais tenté de te mouvoir pour sortir de ton panier pour ne pas le salir. Nous en étions conscients. Nous t'avons exprimé notre gratitude pour que tu comprennes que ce n'était pas ta faute. On attendait cela avec impatience pour que tu te sentes mieux ! Pendant le nettoyage, tu étais assise entre les jambes de ton maître, les oreilles et la tête basses. Tu étais tout de même honteuse mon pauvre nounou.

Mercredi 23 octobre 2024

Départ sept heures trente, rendez-vous à neuf heures à Reims avec le neurologue. Durant le trajet, je sentais ta chaleur, mais aussi ton angoisse. Tu me regardais parfois, levais la tête pour des câlins. Je te caressais, te réconfortais comme je pouvais.

Dans la salle d'attente, tu étais sur mes genoux, sur ton coussin bleu. Je te câlinais et t'embrassais. Enfin on t'a appelée. Tu as commencé la consultation sur la table et tu as fini sur le sol afin que le neurologue puisse tester tes réactions. J'ai commencé la consultation debout, mais j'ai fini par-terre à tes côtés, pour te rassurer, mais j'avais la vue atrophiée par les larmes. Toujours le même discours effrayant. Le docteur nous a révélé son rapport : pour faire court soit tu avais une hernie discale soit des métastases dans la colonne. On en saurait plus avec la cancérologue. Le neurologue a exclu l'IRM de contrôle car il aurait fallu t'endormir et il désirait garder cette possibilité pour pouvoir t'endormir samedi suivant si besoin.

Tu étais allongée près de moi et de ton maître. Tu semblais paisible.

Que ressentais- tu à ce moment précis ?

Jeudi 24 octobre 2024

J'ai enfin reçu ton petit chariot. On allait pouvoir le monter avec ton maître et papy.

Je n'avais absolument pas le moral. Mamie est venue nous voir et nous soutenir dans l'après-midi. En l'attendant, je t'ai portée comme un bébé dans mes bras pour que nous puissions prendre l'air un peu dans la cour. Surtout que ces vacances d'automne s'annonçaient avec une météo ensoleillée. En temps normal, nous serions parties faire une belle promenade ensemble. Mais voilà, tu ne tenais plus sur tes petites pattes. Je t'ai montré les poules du voisin à travers le grillage, histoire de te faire oublier ton mal. Tu les as regardées, les oreilles légèrement redressées, avec un air légèrement malicieux ! Tu serais bien allée les retrouver dans leur poulailler.

Nous avons poursuivi notre petit tour de cour et je t'ai parlé : « C'est le jardin de Biby ! Biby aime bien se rouler dans la mousse, s'asseoir entre les arbustes pour surveiller la maison. » Puis je t'ai emmenée au soleil. Je t'ai posée sur une grande serviette éponge bordeaux. Tu étais assise. Tu ne voulais pas t'allonger. J'ai mis mes mains en papillon, pouce contre pouce. Je les ai activées le long de ta colonne, de ton crâne jusqu'à l'extrémité de tes pattes arrière. Je te caressais avec douceur pour te masser. Enfin, j'espérais que tous ces massages pourraient améliorer ton état. Tu en as eu assez au bout de cinq minutes. Tu m'as fait comprendre que tu voulais te lever et rentrer. J'ai attrapé tes cuisses sur l'extérieur, t'ai soulevé l'arrière et nous avons marché dans l'herbe avec nos six membres, clopin-clopant. Mes mains nous reliant toutes les deux. Tu m'as offert un cadeau, une petite crotte. Puis, j'ai entendu la voiture de mamie.

Lorsqu'elle a surgi devant nous, tu as accéléré le pas en remuant la queue. Je devais te suivre plus vite toujours courbée. Position délicate, mais ce n'était que du bonheur de te sentir reprendre un peu de vitesse. Elle était heureuse de constater que tu venais vers elle avec cet enthousiasme. Nous sommes rentrées et je lui ai proposé de lire avec moi les deux derniers comptes-rendus de visites reçus par mail. J'avais peur. J'avais mal. Elle aussi. Je ne voulais pas les lire seule. Elle aussi avait très mal. Elle connaissait l'issue, tout comme moi. Je lui disais que je ne voulais pas que tu disparaisses de ma vie. Ce serait insupportable pour moi tellement tu étais partout dans la maison. Notre maison est imprégnée de toi, ma Fiby, sans compter tes photos et les posters de différents teckels affichés dans mon bureau. Elle a tenté de me remonter le moral en me disant que lorsque tu ne serais plus là, tu serais toujours dans mon cœur, que je devrais continuer de vivre, de travailler en me disant que c'était ce que tu voudrais.

Tu étais dans le bureau près de nous pendant que nous discutions de ce que serait la vie sans toi : pesante pour toutes les deux. Je comprenais bien, mais je ne savais pas si j'aurais la force ! J'avais raison, c'est même une force surhumaine que je dois déployer à chaque instant. Elle m'a affirmé que pour eux, aussi la vie changerait. Étant malheureux, pris dans un tourbillon de soucis, tu étais devenue une aide morale précieuse. Ils avaient reporté leur affection sur toi qui étais un véritable amour. Tu étais proche d'eux. Tu savais qu'ils étaient aux petits soins pour toi. Tu avais senti qu'ils possédaient une empathie surdimensionnée. Tout comme moi et Mama, tu passais avant leur propre bonheur.

Ton chariot était léger, mais les harnais compliqués à monter. La galère ! Nous avions tous hâte que cet appareil soit parfait pour t'aider à retrouver le « moral ». Le réglage s'est avéré confus. De plus, une fois dedans, tu ne voulais pas avancer. Fausse joie !

Fin de semaine tendue. Samedi 26 octobre approchait, ton rendez-vous avec la cancérologue.

On ne cessait de te présenter ton petit chariot, mais tu refusais d'avancer. Tu nous regardais avec insistance, l'air triste comme pour nous dire « Pourquoi vous m'attelez cet engin ? Je me sens prisonnière là-dedans ! » On a essayé de t'encourager, de te tirer, te pousser, mais rien n'y faisait. Ton regard nous implorait d'arrêter. Ce qu'on a fait. Nous pensions que tu avais peut-être mal dans le harnais. Avec du recul, je me dis que tu sentais qu'il ne te servirait pas beaucoup car tu t'affaiblissais de jour en jour. Pourtant je souhaitais si fort que tu t'adaptes.

J'étais prête à t'emmener à Reims autant de fois qu'il aurait fallu pour des séances d'hydrothérapie avec pour objectif d'améliorer ton confort de vie. Je voulais parfois oublier tout ce qui avait trait avec tes divers organes touchés par la maladie.

RENDEZ-VOUS AVEC LA CANCÉROLOGUE

Samedi 26 octobre 2024

Tu as voyagé, couchée, la tête de mon côté, à mes pieds. Je te caressais le dessus de la tête, tes cheveux, comme dit Mama. Ton poil y était plus fin et plus doux. Je te massais le dessus de la tête pour te détendre. Tu relevais le museau car tu appréciais puis tu reposais ta tête sur le coussin rose Diddl que nous t'avions installé pour que tu ne te fasses pas de mal dans la barre de réglage du siège qui dépassait. Je me redressais un peu de temps en temps pour ne pas rester pliée. Mais tu relevais la tête et me regardais comme pour me demander de continuer, ce que je faisais durant les cent-vingt kilomètres. J'alternais entre m'asseoir le corps vertical pour bien respirer et la position courbée.

Arrivés à la clinique, nous t'avons emmenée faire pipi dans un endroit avec de l'herbe. Je me courbais pour être tes jambes et t'emmener en marchant pour te dégourdir les pattes. Quand tu as fini, tu m'as fait retourner à la voiture pour remonter dedans car tu n'avais pas envie de subir cette nouvelle visite. Dans mes rêves les plus fous, ce centre hospitalier aurait pu être le siège de toutes les guérisons ! Tu ne voulais pas rentrer dans le bâtiment. Comme je te comprenais en fin de compte.

Moi-même, j'en avais assez de recevoir les mauvaises nouvelles, tel un punching-ball. Elles m'envahissaient de la tête aux pieds me plongeant dans un épais brouillard. Je sentais à chaque fois que j'avais des difficultés à respirer, à regarder les vétérinaires. Malgré leur bienveillance, entendre ce qu'ils nous disaient m'écorchait les oreilles, m'échauffait le cerveau, me donnait la nausée car leurs discours allaient toujours dans la même direction, les mêmes mots revenaient sans cesse. Ces mots plus qu'insupportables à écouter s'accrochaient au prénom de ma Fiby inexorablement.

Nous avons rencontré la cancérologue. J'étais partagée entre un sentiment d'espoir et de désespoir. Allait-elle trouver une chimio valable pour exterminer toutes ces cellules supposées cancéreuses éparpillées dans ton organisme ?

Elle nous a d'emblée annoncé : « J'ai étudié le dossier de Fiby et il est inutile de lui faire de nouvelles ponctions. Il est inutile de considérer le processus tumoral engagé lymphome, carcinome... car trop d'organes sont touchés. » Ensuite, elle nous a fait un croquis pour bien nous expliquer le lien existant entre le pancréas, le duodénum et l'estomac... Elle a insisté sur le fait qu'aucun traitement à base de chimio ne pourrait te venir en aide ma petite louloute. Ce cancer avec tous ces points d'attaque insidieux n'en finissait plus de te détruire à petit feu. Nous aussi. T'anéantir c'était m'anéantir... Ce cancer semblait sournois car même avec la ponction, aucune cellule cancéreuse n'avait pu être mise en évidence jusqu'ici. Pourtant, à l'échographie, les vétérinaires pouvaient constater que beaucoup de tes organes étaient touchés (estomac, foie, pancréas, duodénum, poumons, ta colonne...).

Ces cellules malsaines, peu importe leur dénomination, n'en finissaient plus de s'imposer dans ton corps. À ce moment, je pensais que j'aimerais pouvoir arrêter le temps pour te garder et couper l'herbe sous le pied à ces satanées « choses » qui te grignotaient. Je ne comprenais pas comment ces « choses » avaient pu coloniser ton corps aussi rapidement. Rien n'était visible sur ta dernière échographie abdominale en avril !

La cortisone serait donc l'ultime remède qui allait pouvoir t'aider à vivre encore un peu auprès de nous.

La vétérinaire insistait bien sur le fait qu'aucune intervention chirurgicale n'était possible. Il fallait avoir en tête la gestion de ta fin de vie si ton état se dégradait davantage ou si tu souffrais. Alors je culpabilisais et m'écriais que j'aurais dû te faire passer des examens plus tôt, pour qu'on t'opère à temps. Mais la docteure m'a répondu que le pancréas étant un organe fragile, on aurait pu te perdre bien avant sur la table d'opération...

Elle nous a dit, avec gentillesse, que tu étais robuste, que la cortisone allait t'aider à retrouver de l'énergie et à combattre tout de même la progression des métastases. Je l'espérais si fort. Je ne savais plus quoi penser ! Tu comptais tellement à mes yeux, à nos yeux, mon bébé poilu. Je t'ai élevée, pris soin de toi du mieux que je pouvais. Je t'ai fait plaisir autant que je pouvais. Je me suis occupée de toi avec tout l'amour que je pouvais te donner. Mais l'amour n'avait pas suffi malheureusement. Nous sommes repartis avec une ordonnance et de la cortisone. Elle nous a informés qu'elle prendrait de tes nouvelles par téléphone le jeudi 31 octobre afin de faire le point.

Tu étais heureuse de remonter en voiture. Tu ne te doutais absolument pas de ce qui se passait en toi. Être toutou possède l'avantage d'être préservé mentalement de l'apparition de graves soucis de santé. Ne pas comprendre tout ce mécanisme de destruction cancéreuse était un avantage pour toi. En revanche, nous, nous étions totalement décontenancés, mais avec l'idée que nous allions t'assister, t'encourager à vivre le plus longtemps et le mieux possible. Avec, en ce qui me concernait, la volonté de bousculer le destin en espérant très fort que tu allais surmonter cette maladie. Je me disais que ton corps ne devait pas baisser la garde et laisser la place à ce cancer, mais Résister avec un grand « R ». Tu es née un 8 mai. Tu devais te conduire en vraie Résistante. Je souhaitais que tu te battes pour faire encore un bon bout de chemin avec nous. Tu ne mourrais pas à « court ou moyen termes » comme c'était noté sur ton compte-rendu. Tu allais te battre. ON allait se battre à coups de cortisone, de cachets pour le cœur, de pansements gastriques, de gabapentine contre la douleur, de sirop doliprane pour bébés (avec dosage adapté à ton corps de toutou) contre la fièvre, de petits poulets bouillis, de coquillettes, de haricots verts, de fromage blanc et de petits nonos diététiques, tes biscuits préférés ! On allait faire un pied de nez à cette fichue maladie ET au destin qui s'acharnait en assiégeant ton corps de toutes parts et en t'enlevant aussi ta mobilité arrière !

Malheureusement les miracles n'existent pas.

Les nuits étaient courtes ! Je me levais toutes les 2 heures environ, sautais dans mes vêtements et mes mocassins pour te sortir faire pipi et te proposer à boire. Le réveil était programmé à sept heures pour ton cachet pour le cœur puis vers huit heures trente pour ton repas du matin. Tu buvais beaucoup ! J'espérais que tu n'avais pas de diabète qui s'ajoutait à ton souffle au cœur, ton « supposé » cancer et ta paralysie. « Supposé » car les cellules cancéreuses n'avaient pas pu être clairement définies. Cela me perturbait. Mais nous ne devions pas te faire subir de nouveaux tests qui t'auraient fait davantage souffrir.

AFFRONTER LA DURE RÉALITÉ, MAIS LUTTER...

Dimanche 27 octobre 2024

Je devais surmonter mon chagrin, ma douleur, faire passer cette dure réalité. J'étais près de toi dans notre chambre avec mamie au téléphone. Tu gesticulais. J'ai tout de suite compris que je devais t'aider à quitter ton panier. Machinalement je t'ai soulevée sous le ventre à l'aide de mon bras gauche pour t'emmener où tu étais désireuse de te rendre. Et là merveille ! J'ai vu que tu activais tes pattes arrière pour m'emmener dans la chambre de Maia. Tu as plongé sur le pouf marron avec tes pattes avant et je me suis mise à espérer, à être ravie de t'avoir aidée à marcher. Je t'ai dit joyeusement « C'est bien. On va y arriver ma louloute ! » Je me suis empressée de l'expliquer à mamie et à ton maître... Petit moment de bonheur simple, mais enivrant !

Lundi 28 octobre 2024

Tes selles étaient sanglantes et non formées. Je me rendais compte que tu étais mal et cela m'agaçait. Je t'ai donné un smectivet, en principe efficace. J'avais de nouveau espoir que tu ailles mieux. Nous étions dehors lorsque papy et mamie t'ont rendu visite. Je te soutenais. Tu remuais la queue, tes babines se rétractaient comme si tu souriais, ta tête bougeait de tous les côtés pour leur indiquer ta présence ! On ne pouvait que te remarquer. On t'adorait. :) Comme tu refusais de marcher avec l'appareil à roulettes, on l'a renvoyé. À la place, je t'ai commandé une culotte avec deux anses pour te soulever. L'idée étant que tu puisses marcher sans que je te tienne les cuisses.

Mardi 29 octobre 2024

Le smectivet t'a fait du bien : belle selle moulée. Nous devenions des observateurs et analyseurs assidus de tes selles. Préoccupation principale !

Physiquement, j'allais bien, mais je culpabilisais comme souvent.

Pourquoi toi, tu irais plus mal que moi ?

Il en allait de même pour mes déplacements. Pourquoi moi, je pourrais marcher alors que toi tu étais privée de déplacements ? Tu étais une petite sportive poilue.

Je trouvais la vie dure, injuste. Mon côté hypersensible m'amenait à ruminer. J'avais déjà remarqué qu'une mauvaise nouvelle contrebalançait parfois une bonne nouvelle. J'en étais à me dire que je voulais recevoir une mauvaise nouvelle concernant ma propre santé pour que ton cas ne soit plus aussi désespéré. En cette fin d'après-midi, j'avais justement rendez-vous avec ma dermatologue pour récupérer des résultats d'analyse d'une petite lésion sur ma peau. Bonne nouvelle pour moi. Je ne savais pas si je devais me réjouir ou m'accrocher au raisonnement précédent, c'est-à-dire que forcément, si j'allais bien, tu n'irais pas mieux. Ma façon de penser était sans doute ridicule. Mais...

Quand on est malheureux, on peut penser ou dire n'importe quelle sottise. Papy et mamie t'ont gardée durant notre absence. Mamie m'a envoyé une photo de toi. Elle cousait pendant que tu étais sur les genoux de papy, près d'elle. Lorsque nous sommes rentrés, il faisait sombre dans la salle à manger. Vous étiez tous les trois sur le canapé. Ils étaient silencieux pour te laisser dormir auprès d'eux.

Tableau attendrissant ! :)

Mercredi 30 octobre 2024

Journée totalement hallucinante, incompréhensible. Le matin, une fois levée à 8 heures, t'ayant emmenée faire ton petit pipi dehors, en te faisant marcher, mes mains sur le côté de tes cuisses, mes jambes accroupies, mes pieds proches de tes pattes arrière. Ma démarche était en fait un mélange de squats et de pas de canard. J'ai essuyé tes pattes et t'ai reposée dans ton panier du couloir comme tu le souhaitais. J'ai fait ta soupe. Je l'ai mise à chauffer, l'ai sortie du micro-ondes, me suis dirigée vers la table pour la couper.

Tout à coup, je t'ai entendue. Tes griffes résonnaient sur le carrelage puis le bruit d'une glissade et cela continuait en boucle. Je me suis reculée pour observer ce qui se passait dans le couloir. Tu avais le regard pétillant, les oreilles en l'air, la langue pendue, tu daguais, mais tu avançais avec force en alternant position debout, marche en crabe quelques instants et position de glissade sur ton postérieur. C'était fabuleux ! J'étais très heureuse et t'encourageais. Puis tu as mangé tout ton repas. À ce moment la vie était belle ! En fin de matinée, mes parents sont venus m'aider à démonter le chariot pour le renvoyer. Nous avons placé ton panier près de nous dans la cuisine.

Vers midi, tu t'agitais. Je t'ai emmenée faire tes besoins. Je t'ai remise dans ton panier, mais je voyais que cela n'allait pas. Papy a déplacé ton petit panier dans le couloir pour que tu sois au calme. Mais soudain, tu as rendu. Tu tremblais. Tu allais être mal toute la journée. Tu n'as presque rien mangé, seulement 4 petits morceaux de poulet à 14h avec ta cortisone. Tu es restée couchée et tremblante. Ta respiration était rapide. Tu soufflais par le nez. Tu daguais. Nous nous demandions ce que signifiaient ces tremblements : douleurs, convulsions ? Je t'ai donné une gélule pour t'apaiser. Tu as été rapidement étourdie par le médicament. Le soir tu as mieux mangé. La nuit a été plutôt bonne, sorties nocturnes à une heure trente, trois heures trente et six heures. Toujours le même rituel : te porter dans mes bras délicatement, fermer la porte et te mettre en suspension dans l'herbe.

Puis j'écartais légèrement tes pattes, tu t'affaissais, pipi et hop demi-tour pour rentrer en marchant cette fois. J'essuyais tes pattes. Tu changeais de panier en principe, du couloir tu venais dans la chambre ou l'inverse. Je t'apportais ton bol. Tu buvais un bon coup. Toi qui buvais peu d'ordinaire, tu buvais un bol par nuit. J'avais le sommeil de plus en plus léger, l'oreille à l'écoute de tes faits et gestes. Je ne voulais surtout pas passer à côté d'une crise, d'un malaise... Je m'en serais trop voulu. Je ne cessais pas de vouloir trouver une cause autre que l'installation de métastases ou l'arrivée d'une hernie discale. Je me suis souvenue d'une petite chute dont tu avais été victime en septembre. Lors de notre promenade, des gens avaient laissé leur portail ouvert (décidément !). En entendant la course d'un chien dans les cailloux et ses aboiements nous prévenant qu'il arrivait. J'ai voulu t'attraper pour te porter, mais j'ai échoué et je t'ai lâchée. Ton petit dos ayant cogné le trottoir. Pendant ce temps très court le maître l'a rappelé, mais le mal était fait. J'ai vociféré contre ces gens qui n'avaient pas enfermé leur chien alors que leur grille était grande ouverte. Je m'en suis également voulu d'avoir mal géré la situation. Je t'ai frottée. Je t'ai analysée durant toute la journée. Rien. J'étais plutôt rassurée.

J'informais donc ton neurologue par mail, de cette chute arrière que tu avais vécue en septembre. Serait-elle à l'origine de ta paralysie ? J'en profitais pour demander si tu pouvais simplement endurer une faiblesse musculaire ou un manque d'équilibre. Dans ce cas ne pourrais-tu pas faire du renforcement musculaire ou de la balnéothérapie ?

L'intervention d'une ostéopathe te ferait-elle du bien ?

Il m'a répondu que tu aurais eu des symptômes en suivant si ton mal était la conséquence de la chute. On pouvait aussi éliminer la faiblesse musculaire.

Tu pourrais faire de la marche en eau à la clinique, pourquoi pas.

Cela te serait-il bénéfique ou cela te fatiguerait-il un peu plus étant donné que ton cœur n'était pas très en forme lui non plus ? Je pensais que ce serait tout de même une piste intéressante pour améliorer ton état de santé.

Jeudi 31 octobre 2024

Un jour avec. Tu semblais aller mieux. Ton harnais culotte était arrivé. Mamie l'a adapté à ta morphologie. Elle l'a échancré pour que tu puisses bien faire tes besoins et elle a cousu du velours sur les coutures afin qu'elles ne te blessent pas. Il était parfait. La cancérologue devait nous appeler pour prendre de tes nouvelles. J'allais évoquer que tu avais eu une semaine mitigée. Il allait falloir nous y habituer, toi comme nous.

Le midi, Mama est venue manger. Elle est allée te lever de ton panier dans le bureau. Elle a pris tes pattes arrière pour que tu te déplaces. Tu es arrivée essoufflée, mais heureuse, avec la volonté de manger de bon appétit. D'ailleurs tu soufflais en voyant que ta soupe n'était pas encore arrivée sur ton set de repas teckel. Un teckel marron à poils courts avec deux bacchantes très fines, un béret noir sur la tête, une bouteille de vin et le drapeau français dans la patte droite, deux baguettes de pain dans la gauche, sans oublier un foulard rouge autour du cou comme celui que l'on met durant les fêtes de Bayonne. Air sérieux ! Trognon. Toi aussi tu portais bien le béret. Nous t'avons déjà mis le béret basque de ton maître sur la tête. Tu te laissais faire. En attendant ta soupe, tu patinais sur place, haletante. Mama t'a installée, t'a parlé pour te faire patienter. Et gloups ! Tu as tout englouti en deux coups de cuillère à pot.

Te voir manger d'une traite ce n'était que du bonheur pour toutes les deux ! Nous aurons passé ces vacances d'automne à te caresser, te réconforter, t'aider. Nous aurions tant aimé faire de belles petites balades en ta compagnie. Toi marchant à côté de nous en nous regardant de temps en temps comme tu aimais le faire pour entendre « C'est bien ma louloute ! » ou nous ouvrir la marche dans les champs en te retournant de temps à autre pour voir si nous te suivions ! « Attends-nous bébé ! Pas si vite, tu vas être fatiguée ! »

Comme convenu, la vétérinaire cancérologue nous a appelés à dix-neuf heures pour avoir de tes nouvelles. Je lui ai dit que la semaine avait été mitigée, composée de hauts et de bas. Des hauts formés de mes espérances en te voyant te tenir debout et avancer sur une courte distance, ton envie de courir quand je tenais tes petites cuisses, tes repas avalés parfois avec appétit, tes selles régulières, ta jolie petite bouille indiquant que tu étais prête à faire des activités avec moi en total désaccord avec ton corps malade...

Je l'informais aussi des bas : tes tremblements, tes selles noires liquides, tes vomissements de mercredi, ton cœur prêt à sortir de ta poitrine, ton pipi non contrôlé, l'eau que tu engloutissais à grosses gorgées, tes moments où tu semblais abattue, oreilles en arrière et le regard fuyant. Elle m'a informée que, selon elle, cela allait plutôt bien. Il fallait s'accrocher à ce qui était positif, surtout continuer la cortisone et protéger ton estomac au maximum. Il faudrait s'inquiéter si tu avais ces mêmes soucis de façon continue et si tu ne mangeais plus...

Pour le moment, on continuait le traitement et des séances massages des pattes pour que tu maintiennes la forme. Je pouvais me renseigner auprès de sa collègue pour te faire faire de la marche sur tapis dans l'eau si elle pensait que ce serait bénéfique en vue de ton dossier médical complexe : ton souffle au cœur amplifié, tes souffrances digestives et ta paralysie. Je pouvais aussi faire contrôler ta glycémie pour vérifier que tu ne devenais pas diabétique.

Tu mangeais ton repas du soir avec envie, tu essayais de te déplacer seule. On sentait tous les efforts que cela te demandait, mais cela nous mettait du baume au cœur à ton maître et à moi. Tu te couchais près de nous. Tu semblais t'accrocher, par amour.

À minuit, un grattement de griffes et le frottement de ton corps sur le sol, un souffle fort, une odeur forte nous ont réveillés. Nous avons constaté que tu avais fait tes besoins. Tu avais dû montrer des signes d'inconfort pour nous réveiller, mais sans succès.

Nous ne t'avions pas entendu. Moi, qui habituellement étais toujours en alerte. Nous avons sauté du lit pour te venir en aide car tu tentais de t'extirper tant bien que mal de cette chose gluante et nauséabonde. Je t'ai emmenée dehors et tu as fini. Puis ton maître est resté près de toi à l'entrée, toi assise devant et lui accroupi derrière. Il t'embrassait sur la tête, te rassurait en te disant que ce n'était rien. Je m'activais à nettoyer et tu me regardais avec un air mêlé de honte et de remerciement.

Vendredi 1er novembre 2024

Ce vendredi a été marqué par de beaux efforts de ta part. Tu essayais de te hisser et de te mettre debout toute seule. Tu t'écroulais, glissais et recommençais. On dit que le teckel a tendance à être têtu et c'en était une preuve. Même faible, tu n'abandonnais pas. Tu comptais nous prouver que tu étais bien avec nous.

Ce soir, nous avons réussi à faire un petit bout de chemin avec toi sur le trottoir. Tu parvenais à marcher grâce à ton harnais culotte. C'était fabuleux ! Au début, tu as refusé d'avancer, encore une fois trop têtue pour considérer cette aide que t'offrait le harnais. Puis, tu t'es mise à marcher. Je voyais du bonheur sur ta petite tête poilue. Ton regard enthousiaste de te dire « Je marche sans les mains de mes maîtres agrippées à mes petites cuisses. » Mais comme tu fatiguais vite, nous sommes rentrés.

C'était pour nous un bon début.

Une fois dans ton panier, la tête relevée dans ma direction, je t'ai félicitée « Je suis fière de toi ! Tu as réussi à marcher toute seule sur le trottoir ! »

Samedi 2 novembre 2024

Ton maître travaillait le matin. Je me suis réveillée à huit heures trente. Je t'ai fait un gros câlin puis je suis allée dans la cuisine préparer ton repas. Tu t'es levée maladroitement de ton panier situé dans le couloir, tu as fait deux pas. Tu es retombée. Tu as glissé sur le sol. Tu as recommencé à te relever, à faire deux pas, à retomber et à glisser jusqu'à ce que tu arrives près de moi. Tu as bien mangé ton assiette. J'ai mis ton panier près de moi pour que tu t'y installes l'instant que je prenne mon petit-déjeuner. Tu avais une belle petite tête, le regard vif ma belle petite gueule ! J'ai pris ta tête en photo en gros plan. Tu semblais vouloir vivre. Tu as voulu que je te ramène dans ton panier et tu t'es installée les quatre fers en l'air, dans la position du guetteur aérien, comme dit ton maître.

Dans la matinée, je suis allée récupérer la suite de ton traitement de cortisone, du pansement gastrique ainsi que tes cachets pour le cœur pendant que papy et mamie te gardaient. Lorsque j'attendais mon tour, une femme a amené un berger allemand paralysé du train arrière. Elle le traînait avec force. Le pauvre agitait rapidement ses pattes arrière et son bassin et il suivait tant bien que mal sa maîtresse. Je l'ai interpelée pour lui dire que je me permettais de l'informer qu'elle pouvait acheter un harnais culotte pour l'aider à se mouvoir sans qu'il ne se fasse mal. Elle m'a répondu sèchement en m'indiquant qu'elle ne voulait pas de mes conseils.

J'avais très envie de lui faire comprendre que si elle-même vivait le handicap de son chien, elle ne supporterait pas d'être manipulée de la sorte ! Comme certains êtres humains peuvent être horribles, sans empathie ! Son chien est pourtant un être doué de sensibilité, qui ressent des émotions et qui de plus risquerait sans doute sa vie pour sa maîtresse. J'avais la gorge serrée et j'avais du mal à retenir mes larmes. Malheureusement, je n'ai pu qu'assister, impuissante, à ce douloureux spectacle. Il faut espérer que le vétérinaire qui l'a reçue, aura tenté de lui faire comprendre que son chien a besoin d'une aide. À moins qu'elle ne l'amenait pour qu'il soit euthanasié... La gorge serrée, les yeux larmoyants, je me suis adressée à l'assistante vétérinaire pour acheter le complément de cachets de cortisone pour le mois, le médicament contre ses brûlures d'estomac. J'ai pris rendez-vous le vendredi huit novembre pour une prise de sang pour vérifier son taux de glycémie afin de la traiter pour le diabète si besoin. Puis je suis repartie.

Arrivée dans la voiture, j'ai pleuré à chaudes larmes…

En fin de matinée, tu as bien voulu que je te fasse marcher un petit peu dans la cour avec ton harnais culotte. Je me suis mise à tes côtés. Je tenais les deux lanières et nous avons avancé pas à pas. Tu avançais tes petites cuisses amaigries une par une lentement. Tu as fait une belle crotte moulée de couleur moins sombre. Quel bonheur ! Cette journée s'est finalement révélée magique, pleine d'espoir ! Ce jour tu as englouti tes trois repas avec appétit.

Quelle satisfaction !

Après le repas du midi, tu as voulu que je t'installe près de moi dans le bureau. Je me suis mise par-terre et t'ai fait de belles caresses. Tu étais détendue. J'en ai profité pour regarder quelques actualités sur mon portable. Tu dormais paisiblement. Je me suis levée sans bruit et je suis allée faire des courses. Lorsque je suis revenue en fin d'après-midi, quel n'a pas été mon étonnement quand je t'ai vue te lever avec force et maladresse, traverser l'entrée en crabe pour te diriger vers moi en prenant appui contre le mur. Tu voulais te déplacer sans que je vienne t'aider. Tu as fait ce petit parcours en peu de temps. Enfin tu t'es laissée tomber. Je t'ai aidée. J'ai mis mes mains de chaque côté de tes petites cuisses pour t'aider à avancer et à te coucher sur le pouf de tout ton long. Ton maître m'a indiqué qu'il t'avait également emmenée sur le petit chemin pour te faire marcher avec ton harnais culotte.

C'était difficile d'y parvenir, mais, sur place, tu as pu retrouver le plaisir de sentir les bonnes odeurs d'autres chiens et de faire quelques pas... J'ai trouvé que tu te conduisais en vraie guerrière et j'étais fière de toi ! L'espoir de te garder encore longtemps près de moi ressurgissait ! Peu importe que tu n'aies plus la capacité de te déplacer seule. Nous allions tout faire pour t'aider à dépasser ton handicap !

Dimanche 3 novembre 2024

Petite forme. Ta tête semblait triste et tu tremblais. Tu as peu mangé le matin. Une fois tes cuisses agrippées, tu m'as emmenée dans notre chambre pour te recoucher. Comme tu tremblais toujours, nous t'avons donné une gélule contre les convulsions.

Nous avons vaqué à nos occupations. Nous venions te voir par moment. Tu tremblais toujours. Tu ne réagissais pas à nos sollicitations ! Nous étions très inquiets ! Tu ne voulais ni boire ni manger.

J'ai pris ta fièvre et malheur tu avais de la température 40.3 ! C'était trop ! Je me suis rendue à la pharmacie de garde pour me procurer du sirop Doliprane bébé, que nous avait prescrit la cancérologue. Doliprane au-dessus de 39.5. Une fois mon tour arrivé, je présentais l'ordonnance au pharmacien. Il s'est étonné et m'a dit que le paracétamol était mortel pour les chiens. Je lui confirmais que la vétérinaire avait fait différents calculs pour trouver la juste dose qui te soulagerait. Je lui ai dit que tu tremblais et que tu avais 40.3 °C. Il m'a vendu le médicament, en me confirmant que c'était effectivement une faible dose et que je pouvais te la donner. Je suis revenue une heure après ! Il était déjà quatorze heures.

J'ai appelé la clinique de Reims pour évoquer ton état. La personne recevant les appels d'urgence m'a conseillée de t'amener pour une consultation. Trop de fièvre, nous t'avons donné ta dose de sirop tout de même avant de monter en voiture. Tu ne pouvais pas rester avec une fièvre si importante. Puis nous sommes partis pour la clinique. Dans la voiture tu ne réagissais absolument pas. Tu étais sur le tapis devant moi, ta petite tête appuyée sur un coussin pour que tu ne te blesses pas. Je te caressais, mais tu n'avais aucune réaction. Le voyage était long d'autant plus que nous avons rencontré des bouchons sur l'autoroute car c'était le dernier jour des vacances d'automne.

Arrivés à Reims, nous t'avons descendue. Ton maître t'a portée pour te mettre dans l'herbe afin que tu fasses un petit pipi avant la consultation. Ce que tu as fait. On ne s'est pas occupé de toi tout de suite car il y avait beaucoup d'urgences concernant des accidents de chasse ! Ton tour est enfin arrivé.

Le docteur vétérinaire de garde qui nous a reçus nous a indiqué : « J'ai lu les comptes-rendus de mes collègues sur l'état de santé de Fiby. Elle a des métastases sur des organes vitaux. On ne peut plus rien faire. Elle a quatorze ans. Elle a bien vécu. Il faut vous rendre à l'évidence, son état s'est encore détérioré. »

Ce à quoi j'ai répondu : « Elle a de la fièvre aujourd'hui, mais c'est la première fois qu'elle est très mal. La cancérologue m'a dit au téléphone jeudi que nous devons voir si son état se dégrade sur plusieurs jours. Elle prend de la cortisone qui jusque-là lui réussissait. Elle était en bonne forme hier. Elle a même essayé de marcher seule. Je lui ai donné ce qu'il faut pour sa fièvre et ses douleurs. Peut-être pas assez. Vous ne pourriez pas lui faire une piqûre qui pourrait la soulager plus rapidement ? »

Il a proposé de t'emmener à l'arrière pour te faire des examens complémentaires. Il est revenu avec toi dans les bras. Jusqu'ici tu étais amorphe, mais lorsque tu nous as vus face à toi, tu as remué la queue. Tu nous as montré un regard plus vif. Tu ouvrais grands les yeux. Tu daguais fort, mais tes babines s'étiraient vers l'extérieur comme pour nous sourire ou nous montrer ton angoisse. « Je vous aime. Ne me laissez pas ici. Je veux être avec vous. »

De ce fait, je m'exclamais toujours en larmes : « Vous voyez, elle remue la queue. Elle a un regain d'énergie. Elle ne peut pas mourir. Ce n'est pas possible. »

Lui de rétorquer : « Fiby a de la fièvre. Ce n'est pas bon du tout. Deux possibilités s'offrent à vous alors, soit on l'hospitalise quelques jours et on voit ce qui se passe. Soit je lui fais deux injections pour la soulager. Une d'un anti-inflammatoire et une de morphine. Pour la nuit vous pourrez lui redonner de la gabapentine et du doliprane. »

Nous avons décidé de rentrer avec Fiby.

Il a réitéré que si la qualité de vie de Fiby venait à baisser, des mesures de fin de vie seraient à envisager.

Comme ces mots étaient pour moi pesants, perturbants au possible. Je n'arrivais pas une seconde à m'imaginer sans elle : sa petite bouille aux yeux pétillants, son petit corps se trémoussant au rythme de sa queue ! Rien que d'y penser, mes nerfs lâchaient ! Nous avons réglé et nous sommes repartis le cœur lourd, mais avec toi mon amour.

Allais-tu remonter la pente ?

Ce que je désirais plus que tout, c'était de retrouver ma guerrière de la veille.

En voiture, j'informais papy et mamie de ton état, de cette fin de vie encore une fois suggérée. À un niveau supérieur cette fois car le docteur voulait mettre fin à ta vie dès ce dimanche 3 novembre.

Avec du recul, nous supposons que, malgré ta fragilité, tu as dû prendre le dessus pour nous montrer que tu ne voulais pas rester là-bas. Peut-être sentais-tu que tu risquais de t'éteindre loin de nous. Ce que tu ne voulais surtout pas.

En rentrant vers dix-neuf heures trente, nous avons constaté que les injections t'avaient mise dans les vapes. Tu ne réagissais plus du tout. Je me demandais comment j'allais faire pour te donner tes médicaments et surtout tes cachets pour le cœur. Nous t'avons couchée. Tu avais le regard vide comme si tu étais ailleurs. Ton corps était mou, ta tête ne tenait pas seule, ta petite langue pendait. Tu ressemblais à une poupée de chiffon, une peluche.

J'étais malade de te voir ainsi. Ton maître aussi. J'ai donc décidé d'appeler le docteur qui nous avait reçu pour l'informer que tu ne réagissais pas afin de savoir si c'était normal. Il m'a affirmé avoir fait le nécessaire.

Tu n'as pas pu prendre tes médicaments pour le cœur à mon grand regret.

Cette nuit-là, je me suis levée plusieurs fois pour surveiller ton état. Je te sortais dans mes bras pour que tu essaies de faire tes besoins. Vers trois heures, tu as commencé à refaire un peu plus surface... Mais c'était difficile…

Lundi matin, vacances terminées, je devais me lever car c'était la rentrée. Je sentais que la reprise allait être difficile physiquement car je me levais plusieurs fois dans la nuit avec la même mécanique : veste grise molletonnée sur mon pyjama, chaussettes, mocassins faciles à enfiler, mais aussi moralement, j'étais à bout. La journée de dimanche m'ayant fracassé le moral !

Lundi 4 novembre 2024

Réveil à cinq heures trente. Ton maître s'est levé pour aller travailler. J'en ai profité pour m'installer par-terre près de toi dans le duvet kaki. Je t'ai longuement caressée et réconfortée en te disant : « Tu es belle. Ça va aller ma louloute. Tu vas te battre. Je vais t'aider. On va y arriver mon bébé ! » Tu ne bougeais pas. Tu ne me regardais pas. Je constatais que tu tremblais par moment. Je te couvrais en étalant ta couette sur ton dos, mais cela ne servait à rien. Réveil à sept heures. Tu pouvais enfin reprendre ton cachet pour soigner ton souffle au cœur. C'était déjà cela. Je déjeunais, me lavais et m'habillais. Ensuite je préparais deux assiettes pour emmener chez papy et mamie car je ne pouvais pas venir te récupérer le midi. Je les ai mises dans ta petite glaciaire blanche avec tes médicaments comme de coutume. Je venais t'observer par moment. Tu ne bougeais pas d'un poil. Puis j'ai porté mon cartable et mes affaires en voiture. Ensuite, je suis venue te chercher dans la chambre. Je t'ai portée en te disant comme à mon habitude « Maîtresse va travailler. Biby va chez papy et mamie. Je te porte mon petit amour. 1, 2, 3. C'est parti. » Avant, je t'ai déposée dans l'herbe pour que tu fasses ton petit pipi. Puis je t'ai installée sur le siège passager sur ta serviette bleue avec l'ancre marine rouge. Tu es restée couchée. Tu as légèrement relevé la tête puis tu l'as reposée lourdement. Tu semblais épuisée, comme si tu venais de participer à un marathon. J'ai caressé le dessus de ta tête, ta petite tignasse noire en pétard toute douce. J'ai refermé ta porte. Je me suis installée au volant et t'ai informée que je sortais la voiture ; que tu allais retrouver papy et mamie ; que tu allais bientôt manger. Je pensais que tu m'écoutais, mais je n'obtenais pas de réaction de ta part. D'accoutumée, le temps que je sorte ma voiture et que je referme le garage, tu étais assise, accoudée sur la portière tout en m'observant.

C'était la première fois que, depuis quinze jours, la durée de mes vacances, nous reprenions notre petite routine du matin. Je m'attristais en te voyant sans énergie, en ne voyant pas ta petite frimousse me regarder, ton regard pétillant qui me faisait comprendre « Dépêche-toi Maîtresse ! On roule ! Je veux que mamie me donne ma soupe. ».

En arrivant chez papy et mamie, papy s'est précipité pour venir ouvrir la portière et t'extraire de la voiture. Je lui ai indiqué par une petite grimace que ce n'était pas la forme ! Son visage s'est fermé. Tout comme moi, il éprouvait une terrible peine de te voir ainsi. Papy t'a installée sur ton fauteuil face au jardin. Ton endroit favori car tu pouvais y voir des oiseaux se poser dans le houx. Parfois un écureuil passait devant ton nez. Il venait se nourrir de cerneaux de noix disposés par papy dans un parpaing. Il arrivait qu'un chat passe par là aussi et te fasse entrer dans une rage folle.

Nous avons brièvement reparlé des évènements de la veille. Je leur passais les consignes concernant la prise des médicaments. C'était l'heure et je devais aller retrouver ma place devant mes petits élèves. Je t'ai fait un gros bisou et un câlin, puis t'ai dit « À ce soir ! » Il était prévu que ton maître et moi venions te rechercher en toute fin d'après-midi car j'avais une réunion pendant midi. Je suis sortie. Je me suis arrêtée devant la porte-fenêtre pour te faire au revoir de la main. Tu as relevé la tête. J'en ai profité pour te dire « Je t'aime » et t'envoyer un baiser.

À dix heures trente-neuf, j'ai reçu un SMS m'informant que tu étais calme, mais que tu respirais vite. Il était accompagné d'une photo de toi. En effet, tu semblais paisible. À dix-sept heures vingt-et-un, un autre avec une autre photo : « Coucou, voilà ta Biby cet après-midi. Bisous ! À tout à l'heure ! (avec des cœurs.) » Cela me faisait du bien.

Nous sommes arrivés vers dix-huit heures. Tu dormais sur ton petit coussin rose apaisant, composé de longs poils tout doux. Nous avons discuté. Tu as mangé difficilement. Papy est venu te porter ton repas sur ton fauteuil espérant que tu mangerais un peu plus. Lorsque tu nous as vus mettre notre manteau pour partir, tu as relevé la tête, tu t'es agitée et tu as aboyé d'une petite voix fluette. Ce n'était pas ta voix. Nous étions à la fois ravis de t'entendre, mais aussi étonnés. Que se passait-il ? Normalement tu as une voix grave et stridente. C'est simple quand tu aboyais, nous cessions de parler car c'était impossible de s'entendre.

Nous sommes rentrés. Tu as peu mangé...

Et la nuit a été angoissante pour moi. Mon sommeil était léger car depuis dimanche j'étais encore plus aux aguets du moindre bruit ou mouvement que tu pourrais faire. Je me suis levée plusieurs fois pour te faire marcher telle une bête à six pattes en comptant mes jambes fléchies de part et d'autre de ton corps. Je prenais soin de bien écarter tes petites cuisses toutes menues. Tu faisais pipi. Puis tu faisais demi-tour en frôlant la sapinette devant la porte d'entrée. Je te lâchais sur le seuil pour ouvrir la porte, te saisir à nouveau pour te déposer sur une grande serviette bleue afin de t'essuyer un peu. Je te donnais à boire. Et pour finir j'allais te recoucher où tu le souhaitais : couloir ou notre chambre. Généralement c'était la chambre. Je faisais en sorte que ton corps ne soit pas mis dans le même sens pour que tes chairs et tes articulations ne souffrent pas trop. Enfin je mettais ton doudou lapin beige tout aplati sous ou vers ta petite tête. Gros câlins. Maîtresse au lit jusqu'au prochain tour.

Mardi 5 novembre 2024

Réveil à sept heures, ton cachet. Ton maître, ne travaillant pas ce mardi matin, avait pour charge de bien s'occuper de toi. Avant d'aller travailler, je t'ai préparé ton repas. Tu n'as pas beaucoup mangé. J'ai trié les petits morceaux de poulet pour te faire plaisir. Un, deux. C'était tout. Nous t'avons sortie et recouchée dans la chambre. Moi, je suis partie travailler tandis que ton maître s'est recouché dans le duvet par-terre près de toi. Il sentait que tu avais besoin de sa présence. À dix heures trente, je l'ai appelé pour avoir de tes nouvelles. Tu as voulu te hisser de ton panier pour évacuer une crotte, mais tu as eu du mal et tu en avais sur toi... Ton maître a dû te conduire dans la baignoire pour te laver, pauvre petit cœur ! Le midi, je suis rentrée. Tu tremblais. Tu n'as pas fêté mon retour ni celui de Maia. Tu ne réagissais pas. Maia t'a levée afin de t'emmener manger dans la cuisine. Tu peinais à avancer et tes petites pattes avant glissaient sur le sol. Tu ne pouvais pas rester assise. Tu as avalé quelques petits bouts. Ta petite maîtresse essayait tant qu'elle pouvait de t'inciter à prendre des forces. Rien n'y faisait. Je me sentais mal. Nous nous sentions mal.Tu n'as même pas attendu ta petite cuillère de fromage blanc. Toi qui adorais cela.

Elle t'a emmenée dans notre chambre car tu ne voulais pas rester dans le couloir. Tu désirais seulement t'isoler. D'ailleurs tu tremblais à nouveau. Maia s'en est aperçue et en a fait la remarque. Elle t'a couverte gentiment. Une fois ton maître et Maia repartis travailler, je suis restée seule avec toi. Je t'observais du coin de la porte et je te voyais en proie à d'énormes tremblements. Tu semblais faire des sauts. Je me suis approchée pour te demander :

« Qu'est-ce qui t'arrive ma louloute ? » Les tremblements ont diminué d'intensité. Je sais que tu ne voulais pas m'inquiéter.

Je me suis souvenue qu'un soir d'été, il y a un petit moment de cela, tu étais allée faire un tour dans le jardin. Tu es rentrée à la maison en faisant des tas de grimaces. Nous avons donc voulu regarder ce qui te gênait. N'ayant rien trouvé la première fois, nous avons abandonné surtout que tu avais cessé de faire ces mouvements désordonnés avec ta gueule. En repartant, je me suis retournée, j'ai vu que tu recommençais. Je suis revenue. Tu m'as regardée, oreilles baissées et tu t'es arrêtée net. Ce manège a duré un petit moment. C'est à ce moment que j'ai compris que tu n'aimais pas que je sois inquiète pour toi.

Ce mardi, je me sentais totalement désarmée. Les larmes me sont montées. J'ai décidé de te donner une gélule contre les convulsions pour tenter de t'apaiser avant de t'emmener chez mes parents pour pouvoir aller travailler. Je t'ai portée pour te mettre en voiture. Tes tremblements étaient toujours présents. Arrivées dans leur cour, papy est venu te chercher très vite en te disant : « Bonjour mon petit amour ! ». J'ai fait une mise au point sur ton état de santé avec eux, que tu allais être somnolente car je t'avais donné une gélule pour tenter de stopper tes tremblements. Je t'ai regardée par la fenêtre avant de rejoindre ma voiture. Tu essayais de me dire au revoir avec tes petits yeux éteints.

Lorsque je suis venue te reprendre après l'école, tu étais dans ton panier anti-stress. Tu avais les yeux ouverts, mais tu ne cherchais pas mon regard. Tu ne remuais pas non plus la queue. J'ai discuté de ton après-midi avec papy et mamie. Ils étaient tristes. Tu avais tremblé un bon moment. Papy t'a portée dans ses bras pour t'apaiser. Tu continuais donc il t'a posée sur ton tapis anti-stress à leur hauteur sur la table pour te parler et te câliner. Ils t'ont remise ensuite sur ton fauteuil... Ils se sentaient inefficaces et ne savaient que faire pour toi durant tout l'après-midi. Pendant que nous discutions, nous avons esquissé un petit sourire en te voyant te mettre sur le dos, ta position préférée. En cette fin de journée, tu semblais détendue, mais ce n'était qu'une apparence.

On pouvait voir apparaître tes petites dents de devant. Tu étais mignonne ! Au moment de partir, papy t'a montée en voiture. Tu étais une véritable poupée de chiffon ! Tu ne t'es pas redressée. Tu ne me regardais pas. Eux non plus. Tu étais ailleurs. Je me disais que c'était peut-être encore l'effet de la gélule ou de la piqûre d'opioïdes reçue dimanche.

Nous sommes arrivées en même temps que ton maître devant le portail. Je t'ai fait la remarque car en principe tu réagissais : « C'est la voiture de maîmaître ! » plusieurs fois. Mais aucune réaction de ta part. Tu ne bougeais pas. Nous avons garé simultanément nos voitures. J'ai sorti ton petit corps de la voiture. Tu semblais très lourde et tu glissais. Je t'ai posée dans l'herbe pour faire tes besoins. Tu n'as même pas remarqué sa présence ou alors tu l'avais vu, mais tu n'avais pas la force de réagir. Je t'ai posée sur le carrelage à l'entrée du couloir.

Je soutenais ton arrière-train pour que tu puisses avancer. Ce que tu as fait mécaniquement, péniblement et lentement. Je me suis laissée diriger par ta demande. Nous avons pris la direction du pouf dans la chambre de Maialen. Je t'ai aidée à grimper dessus. Tu t'es allongée de tout ton long. Je suis allée travailler dans le bureau. Soudain, j'ai entendu des bruits venant de la chambre. Je me suis précipitée et j'ai vu que tu avais réussi à te hisser du pouf pour aller rendre sur le parquet flottant. Je te rassurais en te disant : « Ce n'est pas grave ma Biby. Maîtresse va nettoyer. ». J'ai pris un morceau de sopalin mouillé pour te nettoyer et te rafraîchir la gueule. Puis tu as voulu retourner dessus. J'ai nettoyé le sol. Malheureusement, le peu que tu avais mangé dans la journée ne t'avait pas été profitable ! Je me disais que tu mangerais peut-être un peu plus ce soir. Le repas prêt, je suis venue te chercher.

Tu t'es laissée emmener en direction de la cuisine lorsque je t'ai déclaré « On va manger. » Depuis quelques jours, une fois installée devant ton set teckel, sur lequel sont posées ton eau et ton assiette, tu avais tendance à glisser et à reculer. Nous te calions bien contre le meuble de cuisine ou bien nous mettions nos mains pour te maintenir assise sans bouger pour que tu puisses manger. Désormais depuis peu, ton corps entier s'affaissait sur le carrelage. Ton corps n'était plus tonique. La force t'abandonnait. Je t'ai donné ton deuxième cachet pour le cœur dans un petit morceau de viande. Tu l'as refusé. J'ai tenté de te donner ton cachet contre les vomissements. Tu ne l'as pas accepté non plus. J'ai essayé de te nourrir sans succès.

J'ai fini par réussir à te faire prendre au moins ton cachet pour le cœur. J'étais malheureuse de te voir décliner ainsi, refuser tes cachets, ton poulet... Je ne l'acceptais pas. Je voulais à tout prix que tu reprennes des forces, que tu continues ton combat. Je m'entêtais à croire que ton état allait s'améliorer. J'étais convaincue que tu étais solide. Tu avais toujours su faire face à tes pancréatites. Nous sommes toujours parvenus à te sortir d'affaires. Je ne voulais pas baisser les bras.

Devant mon refus de voir ta fin approcher, ton maître, sans doute plus réaliste que moi face aux souffrances que tu endurais m'a dit rageusement : « Il va falloir qu'on fasse quelque chose pour elle. Elle ne veut plus des médicaments ! On ne peut pas la laisser souffrir ! » Sa rage était une marque de colère contre la maladie qui t'emportait petit à petit. Je t'ai emmenée dans ton panier du couloir car c'était tout ce que tu voulais. Je savais que ton maître était autant affecté que moi par ton déclin, mais nous ne vivions pas ce qui se passait de la même manière.

J'espérais encore pouvoir t'aider d'où mon insistance. Lui avait déjà compris qu'il était trop tard et avait perdu espoir. La maladie avait déjà bien avancé. Nous avons fondu en larmes tous les deux. Comprenais-tu notre détresse ? Nous n'aurions pas dû pleurer devant toi, mais la peine était si forte. Ensuite il a tout de même essayé de te donner un petit morceau de tes biscuits de régime préférés et tu l'as mangé. Un petit sursaut de gourmandise ou la volonté de nous faire plaisir... La nuit a été une fois de plus difficile pour toi. Tu as subi des cycles pendant lesquels tu t'agitais, tu respirais plus fort puis tu te calmais. Tu faisais pipi, tu buvais à nouveau... Et ainsi de suite. Moi, j'étais en alerte permanente. J'ouvrais l'œil et venais te rejoindre au moindre signe de ta part. Je ne savais pas que ce serait la dernière nuit avec nous… : (

Mercredi 6 novembre 2024

Je ne travaillais pas. Ton maître ne reprenait son travail qu'à treize heures. Comme d'habitude, j'ai mis la sonnerie du réveil à sept heures pour te donner le cachet qui contrôle ta fuite valvaire depuis quelques années maintenant. Je me suis levée pour te l'apporter. Je me suis accroupie près de toi. Tu as tourné la tête. Tu refusais de le prendre malgré plusieurs tentatives de ma part. J'avais la gorge serrée. J'étais terriblement angoissée. Je t'exhortais de l'accepter d'une voix pleurnicharde « Prends le petit cachet pour ton cœur mon bébé. S'il te plaît, prends-le ! » Tu l'as pris pour le recracher aussitôt. Le sol s'effondrait sous moi. C'était la première fois que tu le rejetais catégoriquement. Je te câlinais, te disais que ça allait aller. Je me convainquais que tu étais trop fatiguée, que je te le donnerai plus tard. Après tout dimanche, tu n'avais pas pu le prendre comme l'injection t'avait abattue. Je me suis recouchée un peu, mais je n'arrivais pas à redormir.

Nous nous sommes levés vers huit heures. Je me suis mise près de toi. Je t'ai informée que j'allais te préparer ton repas et qu'il faudrait manger un peu. Pour reprendre des forces. Ton maître est venu te voir également. Je suis partie en cuisine pour tout préparer. Là, il m'a rejointe pour me déclarer d'une voix froide et affirmée : « Ce n'est pas la peine ! Elle ne mangera rien ! Tu ne vois pas qu'elle souffre, qu'elle veut partir ! » Ses paroles m'ont fait comme un coup de poignard dans le cœur. Je savais où il voulait en venir. Selon lui le moment était arrivé de te délivrer de tes souffrances. Je lui ai dit de façon confuse tout en pleurant « Tu veux qu'on le fasse ? Il faut qu'on le fasse ? On doit le faire quand ? On doit le faire aujourd'hui ? » Je balbutiais toute une série de questions vagues, peu compréhensibles. À peine la dernière question énoncée, qu'il m'a répondu « Oui ».

Je t'ai regardée. Tu semblais absente, les yeux dans le vide. Je réalisais et constatais avec effroi que tu n'étais effectivement plus la même petite louloute. Tu n'avais plus de réactions. Tu ne soutenais plus mon regard comme tu le faisais auparavant. Comme c'était douloureux. J'ai appelé mes parents, papy et mamie pour leur dire de venir te dire au revoir. Mamie m'a juste répondu « D'accord » en pleurant. Ils sont arrivés quelques minutes plus tard en larmes. J'étais assise à côté de toi. Toi tu étais couchée sur le flanc. Tu semblais déconnectée, comme insensible aux paroles d'amour que je te prononçais. Je t'informais « On va voir le docteur. Il va t'aider à ne plus souffrir. » Il y a peu de temps quand je prononçais le mot docteur, tu baissais les oreilles. Tu savais à qui je faisais référence. Tu n'aimais pas te faire ausculter.

Tu aboyais dès qu'on arrivait au cabinet. Difficile de te calmer. Ton aboiement se faisait entendre plus fort lorsqu'on t'appelait « On va voir Fiby. » Papy s'est allongé devant toi pour te dire qu'il t'aimait très fort.

Tu t'es légèrement tournée vers lui pour poser ta tête sur son bras. Il nous a dit en pleurant plus fort « Elle met sa petite tête sur mon bras ! » À ce moment il savait que par ce geste d'affection tu lui disais au revoir et sans doute merci pour tout ce qu'il avait fait pour toi. J'ai appelé la clinique en pleurant. C'était une épreuve horrible « Bonjour. C'est pour Fiby. Elle ne va pas bien du tout. C'est fini. C'est pour l'aider à mourir. » Je n'ai jamais réussi à dire les mots euthanasier ou cancer avant que tu ne partes. Tu avais rendez-vous à dix heures vingt. Je suis revenue me mettre près de toi. J'ai envoyé un message à ta petite maîtresse car même si elle travaillait, elle devait être au courant pour pouvoir venir te dire au revoir si c'était sa volonté. Elle t'avait tellement aimée également. Maia m'a répondu qu'elle viendrait avec nous à la clinique.

Tu nous aurais donc tous les trois près de toi ! Papy et mamie t'ont câlinée pendant que nous sommes allés faire notre toilette. Sortis de la salle de bains, ils nous ont dit qu'il était temps pour eux de partir. Je t'ai portée pour que mamie te fasse de gros bisous et te dise qu'elle t'aimait. Papy en a fait autant. En repartant, mamie s'est exclamée en pleurant que c'était une très belle chose que Maialen puisse venir car tu serais entourée de ta famille pour partir. Papy tenait difficilement debout, fragilisé par ce terrible moment. Il a trébuché sur le seuil de la porte. Mamie a pleuré à chaudes larmes et l'a suivi. Moi je suis restée près de toi pour te caresser en attendant ta grande sœur Mama et l'heure du départ : dix heures. À neuf heures cinquante-cinq, ton maître t'a sortie afin que tu fasses un petit pipi avant de nous rendre à la clinique. Il t'a portée et t'a posée devant l'entrée.

Maia est arrivée au même moment. Elle n'a pu que comprendre notre décision.

Une fois posée sur le sol, tu tenais à peine debout. Ton nez a plongé dans l'herbe. Ton maître t'a retenue et t'a relevée. Tu es parvenue à faire ton petit besoin malgré tout. Nous nous sommes dirigés ensuite vers la voiture. Nos pas semblaient lourds. J'avais l'impression d'être en dehors du temps, de l'espace. Le garage, la voiture...Tout ce qui m'entourait me semblait différent, dérisoire... Maia t'a installée sur mes genoux à l'avant. Elle a fermé la porte. Tu as appuyé ton petit museau sur la portière et tu n'as plus bougé. Je te caressais. J'essayais de te rassurer alors que je ne l'étais pas du tout. Maia s'est installée à l'arrière, ton maître au volant et il a démarré. Je me sentais étrange. C'était difficilement supportable, mais je tenais bon. Pour toi.

Arrivés à la clinique, ton maître t'a prise dans ses bras. Maia a sorti le coussin bleu moelleux. Nous nous sommes installés tous les trois sur le banc blanc dans la salle d'attente. Tu étais allongée sur les jambes de ton maître. Maia te caressait la tête d'un côté, moi le corps, de l'autre côté. Tu ne bougeais pas. Aucune réaction de ta part. Ton regard était vide. Tu n'essayais pas de regarder les animaux présents autour de toi. La dame de l'accueil nous a installés dans une salle. Nous avons posé ton coussin sur la table métallique froide. Tu étais allongée sur le flanc, impassible. Tu ne cherchais pas notre regard. Nous te parlions, te caressions. Je te disais : « Je t'aime. Tu vas aller mieux. Tu ne vas plus souffrir. »

Soudain le vétérinaire est entré dans la pièce. C'était un monsieur d'une stature imposante, mais d'une douceur extrême. Il nous a dit : « J'ai lu le compte-rendu de la clinique de Reims. Pauvre petite chérie. » Je l'ai interrompu pour lui demander « Vous croyez qu'il faut qu'on le fasse maintenant ? » Je n'arrivais pas à nommer l'acte « euthanasier », encore maintenant il m'est difficile de l'écrire.

Pourtant lorsqu'on discute de la fin de vie avec des personnes, beaucoup certifient que c'est une chance qu'ont les animaux de pouvoir partir sans douleur, dès que possible. Il a validé sa réponse par un signe de tête. Il a poursuivi : « Je vais lui injecter un anesthésiant pour l'apaiser puis je reviendrai lui injecter la dose létale un peu plus tard. Je vous laisserai avec elle. » Il t'a fait un bisou sur le museau et t'a fait la première injection dans la cuisse. Tu ne t'es pas retournée. Tu n'as pas sursauté. À ce moment tu as sans doute compris que le vétérinaire te soulagerait. Il a fait taire les affreuses douleurs provoquées par tes métastases. Elles ont pris trop vite le dessus sur toi. J'avais ma tête contre ta tête. Je t'ai fait de gros bisous sur le museau. Je te caressais et espérais que tu étais encore un peu présente pour accueillir mes paroles :

« Tu m'as énormément apporté. Merci d'avoir supporté ta maîtresse quand j'allais mal. Je ne veux plus que tu souffres. Je t'aime de tout mon cœur et je ne t'oublierai jamais. Il va falloir que je trouve la force de vivre sans toi. Pour toi. Je t'avoue que je ne sais pas comment je vais faire. Tu vas tellement me manquer. Tu vas nous manquer ! » Nous avons évoqué des souvenirs entre nous. Ton maître et Maia m'ont aidée en m'assurant que nous n'avions plus le choix. Il fallait stopper tes souffrances dès aujourd'hui car le cancer avait pris le dessus depuis la forte fièvre que tu avais subie dimanche. J'étais d'accord pour que tes souffrances s'arrêtent, mais pas ainsi. Pas en t'ôtant la vie.

C'était trop injuste !

Tu as été une louloute loyale, adorable, joviale. Tu valais plus que certains êtres humains. Tu n'as jamais rien fait de nuisible pourtant le sort s'acharnait sur toi : ton souffle au cœur, tes pancréatites, ta tumeur à la babine et désormais toutes ces métastases qui avaient élu domicile en toi. Je devais te dire adieu et cela me déchirait totalement. J'avais le corps et le cœur meurtris.

Le vétérinaire est revenu dans la salle en nous présentant la suite : « Maintenant je vais lui faire la deuxième injection. Vous êtes prêts ? ». Je lui ai répondu : « Non, mais on n'a pas le choix. » Pendant qu'il agissait, Maia et ton maître avaient les mains posées sur ton petit cœur. Moi je te caressais toujours la tête. Il a aspiré un peu de ton sang dans la seringue puis il a envoyé le produit en deux fois. Nous nous sentions terriblement mal. Il a fini son opération en te posant un petit pansement à l'endroit même où il avait piqué. Je l'ai remercié pour cette gentille attention tout en pleurant. Puis il a écouté une dernière fois si ton organisme s'était éteint comme il l'avait prévu.

Il nous a ensuite informés que son assistante allait venir nous présenter le catalogue des différentes sortes d'urnes. Ses propos intensifiaient encore davantage ma douleur d'autant plus qu'il sortait appeler son prochain petit patient d'une voix enjouée car la vie continuait autour de moi ! Pourtant j'avais l'impression que la douleur dans ma tête et mon corps était tellement forte. Je me sentais aspirée dans un tourbillon ! C'était horrible !

En plus, je me suis rendue compte qu'avant la dernière injection, je ne t'avais pas prise une dernière fois dans mes bras tellement je redoutais ce moment !! Je t'ai donc serrée après pour te montrer à nouveau une dernière fois que je t'aimais très fort ! Heureusement que ton maître et ta jeune maîtresse étaient avec moi. Son assistante est arrivée auprès de nous avec bienveillance pour nous faire choisir l'urne. Je lui ai demandé si tu étais vraiment morte. J'avais des difficultés à réaliser ce qui venait d'arriver. Je ne voulais pas y croire inconsciemment.

Quand je posais mes doigts sur toi j'avais la sensation de sentir un léger pouls. Patrice et Maia étaient pourtant formels, ils avaient senti ton cœur s'arrêter. C'étaient sans aucun doute mes propres battements que je sentais, mon propre pouls. J'ai tout de même demandé à l'assistante vétérinaire si elle pouvait vérifier avec le stéthoscope du docteur si je me trompais. Elle m'a répondu que normalement elle ne pouvait pas, mais elle l'a tout de même fait avec gentillesse pour me le confirmer. Elle a aussi regardé la couleur de tes gencives et de ta petite langue. J'avais tellement du mal à accepter ta mort. J'avais aussi tellement peur que tu reprennes vie, seule, dans le froid.

Elle m'a promis de vérifier le soir... Je l'ai remerciée et lui ai expliqué : « J'ai entendu l'exemple récent de cet américain que les docteurs pensaient décédé et qui s'est réveillé juste avant qu'on ne prélève ses organes ! » Ce à quoi elle a répondu : « C'est impossible, lorsqu'on arrête volontairement un cœur. »

Au fond de moi, j'aurais tellement aimé que tu reprennes vie, sans les souffrances bien évidemment. Mais la réalité était bien celle que nous vivions. Ton maître a exprimé ce souhait : « J'aimerais mettre Fiby dans un moulin à l'extérieur. À chaque fois que ses ailes tourneront, on se dira que l'esprit de Fiby est avec nous. » Nous avons choisi notre urne avec peine. Elle est en aluminium pour résister aux intempéries. Nous n'arrivions pas à te quitter. Je continuais de te câliner. Il était plus de midi. Le cabinet était fermé et nous devions partir. Nous avons réglé. Nous devions revenir chercher tes cendres environ trois semaines après. Ces mots étaient si cinglants. Je ne pourrai plus jamais serrer ton petit corps, ta petite tête contre moi. Soudain, j'ai pris conscience que je ne verrai plus ce regard parfois malicieux, parfois interrogateur, parfois rempli de douceur pour m'apaiser... Je suis rapidement retournée dans la salle une dernière fois pour te faire un dernier bisou et nous sommes partis douloureusement.

Dans la voiture, une atmosphère lourde nous étourdissait. Face au doute qui m'envahissait, Patrice m'a confirmé une énième fois que tu commençais à souffrir. S'il y a bien une chose dont nous étions sûrs, c'est que nous ne voulions pas que tu endures un supplice.

Arrivés à la maison vers treize heures, tout me semblait vide : la cour, le garage, le couloir, la maison entière. Tes affaires étaient disséminées un peu partout. Tes poils, ton odeur nous entouraient.

C'étaient les seuls éléments qui me restaient de toi. Je suis allée dans notre chambre et j'ai explosé. Je serrais les poings, les dents. La rage m'a prise d'un coup et j'ai laissé sortir un râle horrible. J'avais mal à la gorge et aux oreilles. J'ai attrapé ton panier tes coussins et ton doudou et je les ai pressés fortement contre moi. Je respirais ton odeur. Je repensais aux moments où tu te mettais sur le dos, les pattes en l'air. Je prenais tes pattes arrière entre mes mains et je faisais mine de les sentir et je m'exclamais en rigolant : « Biby sent mauvais des papattes ! »

J'adorais aussi faire des bisous sur ton petit bidon rose. Parfois je m'amusais à souffler dessus. J'avais l'impression que tes babines s'étiraient comme pour rire. Tu remuais la queue et tu gesticulais comme un petit ver de terre ! Je repensais à toi lorsque tu venais me trouver si j'allais mal. J'allais mal, très mal et tu ne venais pas à ma rescousse. Je voulais me réveiller. Je voulais qu'on m'appelle pour me dire « Revenez, elle s'est réveillée. Elle vous attend. » La suite de la journée a été terrible ! Je me sentais comme une droguée à qui on refuse de donner sa dose.

J'aurais fait n'importe quoi pour te retrouver, pour que tu reviennes près de nous…

Nous avons enlevé le panier du couloir et celui de la chambre. Des actes simples, mais lourds de sens. Nous sommes restés tous les trois soudés dans la peine. Ni Maia ni ton maître n'ont pu aller travailler.

DEVOIR FAIRE MON DEUIL, UN EFFORT SURHUMAIN

On affirme tous que lorsqu'on perd un être cher, « Il faut faire son deuil. » « Seul le temps arrange les choses. », des phrases toutes simples à dire, mais tellement lourdes de sens, difficiles à mettre en œuvre. Il y a une telle explosion d'émotions suscitée par la perte d'un être sans qui, on se sent totalement perdu, inutile.

Le monde continue de tourner autour de soi. Malheureusement, on se sent en marge, touché dans notre propre chair.

Mise à part l'épreuve du choc constatée au début de toutes phases de deuil, les autres phases sont mêlées intrinsèquement les unes aux autres en ce qui me concerne. J'ai éprouvé et j'éprouve toujours à la fois ces 4 étapes qui reviennent m'ébranler de façon incessante.

Je ressens de la colère et de la culpabilité. Je pense avoir tout fait au mieux pour te chérir, te soigner. Pourtant je culpabilise en même temps. Des tas de questions tournoient dans ma tête.

Ai-je toujours réagi au bon moment ? Aurais-je dû avancer ton rendez-vous à Reims ?

As-tu souffert atrocement de façon cachée pour ne pas m'angoisser ? Quand je repense à ce mardi midi 5 novembre où tu tremblais d'une force. Dès que je suis apparue et que tu m'as vue, tes tremblements ont diminué d'intensité.

Les petites gourmandises que nous t'avons données plus jeunes, fromage, brioche... ont-elles accéléré ta maladie ?

Est-ce que les promenades champêtres t'ont davantage exposée aux pesticides ? Au retour, je te lavais pourtant soigneusement.

Quelqu'un a-t-il accéléré ta mort ? C'est l'idée qui ne cesse de me tourmenter quand je repense aux croquettes positionnées au creux d'une fleur de pissenlit ce dimanche 26 mai 2024. Que faisaient-elles là ? Qui les y avaient mises ? Avec quoi avaient-elles été contaminées si c'était le cas ? Tes problèmes de pancréatites chroniques auraient-ils masqué autre chose ?

A-t-on accentué ta maladie ce 26 mai en te forçant à vomir ? Le désespoir me prend à la gorge de savoir que je n'entendrai plus ta voix, que je ne te verrai plus, que je ne te serrerai plus contre moi, ne sentirai plus ton regard chaleureux sur moi. Et bien sûr le fait de rester sans réponse à toutes ces questions m'accablent. Et enfin l'engourdissement se manifeste lorsque mes crises d'angoisse et mes pleurs sont passées. Je me sens vidée comme après un marathon.

En effet, les jours qui ont suivi ont été abominables. Vivre sans toi m'angoissait, mais je ne pouvais absolument pas aller travailler auprès des enfants. J'avais besoin de compagnie pour ne pas sombrer.

Je recevais de gentils messages d'amies qui me touchaient. Elle est partie sereine et veillera toujours sur toi depuis sa constellation. Ou bien. Elle aura eu une magnifique vie avec vous, choyée, cajolée et aimée. Il faut les laisser partir quand le moment est venu…

Ton absence me pesait tant. J'avais l'impression que l'on m'avait arraché une partie de moi. Nous étions si fusionnelles. J'avais beau essayé de me dire que tu n'étais pas le prolongement de moi-même. Nous étions toujours collées l'une à l'autre. J'avais la lourde sensation de ne pas avoir ma propre entité. Je n'arrivais plus à bien m'alimenter. Chaque heure qui passait était d'une longueur. J'aimais garder un de tes coussins et un doudou contre moi. Je les respirais. Je pensais à ce que tu aimais, faisais, nos petites routines. Tu étais tellement prévisible.

J'ai lavé petit à petit tes affaires. Je n'ai pas pu laver ni tes doudous ni ton enveloppe de coussin de ton panier situé dans le panier de notre chambre. Parfois, dans les moments les plus pénibles à supporter, mon cerveau se mettait en position de défense et je me mettais en tête la fausse idée que tu allais revenir, que cela ne pouvait pas en être autrement.

Jeudi 7 novembre 2024

Première journée sans toi ! Mon réveil a sonné à huit heures. J'avais réussi à trouver un peu le sommeil vers quatre heures. Lorsque j'ai ouvert les yeux, j'ai éteint mon réveil. La première phrase qui m'est venue à l'esprit c'était « Bonjour mon petit amour ! Ça va ? ». Il était insensé de la dire à voix haute. Pourtant je l'ai prononcée. J'avais terriblement envie de la dire, de te caresser, de te papouiller et te faire de gros bisous. J'ai pleuré toutes les larmes de mon corps en ne voyant plus ni ton panier rouge dans la chambre, ni ton panier marron dans le couloir que je pouvais voir de mon lit. Tu naviguais de l'un à l'autre ou parfois, pour être tranquille, tu te reposais dans le bureau ou dans la chambre de Maia. Ces derniers jours, c'était moi ou ton maître qui t'emmenions d'un endroit à l'autre.

Nous faisions bien attention de te coucher du côté opposé pour que tu ne développes pas d'escarres. Nous mettions bien tes petites pattes arrière et ta queue contre toi. Ces derniers jours, j'allais préparer ton assiette, la faisais chauffer trente-cinq secondes au micro-ondes. Je la posais. J'allais te chercher ensuite en marchant courbée, derrière toi. Je tentais de faire avancer tes pattes arrière l'une après l'autre car j'avais envie que tu retrouves de la mobilité. Je te parlais « Allez mon bébé, une, deux, une, deux. C'est bien ! Tu vas y arriver ! On va y arriver ! » Je m'incluais car j'avais tellement le désir de t'aider. Je repensais à notre dernière routine. Je suis allée dans la cuisine, en voyant ton petit canapé marron vide je me suis effondrée. Tu t'y installais façon « princesse ».

J'étais un véritable fantôme. Peu importait la pièce dans laquelle j'allais, tu étais là.

Mamie m'a tenu compagnie tout l'après-midi et nous avons longuement parlé de toi. Elle essayait de m'aider à lever mes doutes. Je culpabilisais d'avoir pris ce satané rendez-vous ! Ne plus t'avoir auprès de moi était un réel supplice. Je me sentais responsable d'avoir pris ce rendez-vous. J'avais mis fin à tes souffrances, mais aussi à notre relation d'amour. Papy m'a aidée à nettoyer les traces de nez que tu avais mis sur mon armoire de chambre et dans ma voiture car j'en étais incapable.

Je me suis mise à sombrer. Je n'arrivais pas à manger. Les aliments me semblaient lourds dans la bouche, fades. Moi qui adorais déguster un chocolat avec mon café. Cela m'était impossible…. Je ne savais pas si je retrouverais un jour la joie de vivre.

Vendredi 8 novembre 2024

Ouvrir les volets, constater que le coq chantait, que le soleil perçait à travers les fenêtres, que les oiseaux se posaient dans le jardin. Rien n'avait changé. Par contre, toi, tu ne faisais plus partie de ce décor. Ce silence était étourdissant. Et moi je sombrais.

Dans l'après-midi, je suis tombée sur une annonce de concours d'écriture proposé par les Éditions à la Renverse pour ne pas sombrer, je me suis lancée à corps perdu dans ce concours. L'objectif étant de choisir la fable d'un auteur, de la transformer et d'y glisser un nouvel animal. Bien évidemment, tu as été le nouvel animal. J'ai choisi la poésie La Corneille et l'Éphémère d'Adèle Caldelar. Cette fable me touchait de plein fouet car elle met en scène des animaux sur le point de mourir. La Corneille évoque sa fin prochaine avec amertume « Hélas ! Faut-il si tôt mourir ? À quoi bon ai-je reçu l'être ? » Elle se dit que si elle avait eu plus de temps « J'aurais fait plus de bien encore. » L'Éphémère qui a vécu seulement trois heures mentionne « Ah ! Plus tôt ou plus tard que l'on ferme les yeux, la vie est dans l'emploi plus que dans la durée. » Je peux affirmer que tu n'as vécu que quatorze ans, mais que tu as été, pour moi, un petit être de lumière, d'un dévouement et d'un amour sans faille.

J'ai donc rédigé une nouvelle fable en y insérant « la Chienne Teckel ». J'y ai exposé ton combat contre ce cancer, et moi qui s'est accrochée à toi et qui ne voulais pas admettre cette dure réalité, que tu devais me quitter pour toujours. J'ai imaginé ce que tu aurais pu me confier sur cette maladie qui te rongeait, mais aussi sur ma volonté de te garder coûte que coûte, égoïstement, alors que tes yeux et ta gestuelle m'imploraient de te laisser abandonner le combat et de partir rejoindre ta dernière demeure.

Voici la première partie de la fable La Chienne Teckel, la Corneille et l'Éphémère :

Sentant qu'elle succombait, depuis trois jours, à sa mortelle faiblesse,

Une petite chienne teckel allait mourir, telle était sa destinée :

Elle s'attristait de sa maladie, de ce cancer métastatique, blâmant la fatalité.

Une colombe compatissante et sa bienveillante maîtresse la vinrent réconforter. Comme elles s'évertuaient tant à apaiser ses maux et sa détresse, qu'à lui émettre quelques promesses : La mal-en-point qui se jugeait, leur dit : « Vous me bercez d'illusions, ne vous tourmentez point. Je le sais, ma nuit éternelle ne sera pas loin. Mon cancer intérieur me ronge, et toi, ma maîtresse, tu ne songes qu'à une idée près de toi me garder ! Tu ne veux pas admettre la dure réalité ! Comme je te comprends ma maîtresse, ma foi ! À la seule pensée de m'éloigner de toi, j'en suis malheureuse comme les pierres, mais je ne peux me raconter de chimères !

Hélas ! Faut-il si tôt agonir ? À quoi bon ai-je reçu le droit de respirer ? Quatorze ans ! ... c'était bien la peine d'exister ! Je n'ai apporté que du bonheur, je veux bien m'en réjouir, même, dès que je suis arrivée sur Terre. Mais, en plus, on s'améliore avec les années. Et si j'avais vécu une éternité, Maîtresse, je t'aurais encore évité bien des calvaires ! Ah ! Je dois vous confier, belle colombe égarée et gentille Maîtresse attentionnée.

Peu importe l'âge et le moment où l'on s'éteint, il ne faut pas craindre de vivre intensément, c'est certain ! Signe du destin, je suis née sur Terre à la Voûte Azurée, et mon esprit va rejoindre ce joli ciel d'automne étoilé ! »

Dimanche 10 novembre 2024

J'ai senti une intense vague de froid m'envahir. J'étais glacée des pieds à la tête sans raison particulière et j'ai pensé de façon irréaliste que tu me communiquais que tu avais très froid là où tu te trouvais. Une affreuse angoisse s'est emparée de moi.

Lundi 18 novembre 2024

J'ai repris mon poste d'enseignante. Reprendre ma voiture, parcourir le chemin que nous prenions régulièrement en promenade a été douloureux. Les enfants m'ont aidé à reprendre le cours de ma vie professionnelle. Ils étaient contents de me revoir et m'ont beaucoup sollicitée.

Mardi 19 novembre 2024

En fin de journée, avant de quitter l'école, j'ai consulté mes messages vocaux. J'avais un message vocal de la clinique m'indiquant que nous pouvions venir récupérer les cendres de Fiby car elles étaient arrivées. Le message était énoncé d'une voix aimable plutôt joviale. Le message vocal finissait par « bonne journée ». Des mots qui me peinaient énormément. Heureusement, je ne l'ai écouté que tardivement. J'ai dû m'asseoir à mon bureau. J'ai été prise d'une attaque de panique. Une boule énorme a envahi ma gorge. Des larmes ont commencé à couler sans que je puisse les retenir. Je me suis hâtée de quitter l'école. Arrivée en voiture, j'ai explosé de tristesse. La dure réalité s'imposait à moi. Fiby ne reviendrait PLUS JAMAIS. Je ne cessais de dire « C'est fini ! ». C'était le cas depuis le 6 novembre, mais je n'arrivais pas à l'admettre.

L'inconscient me jouant des tours. C'était un postulat insupportable à admettre. Je suis allée avertir son papy et sa mamie qui se sont tellement bien occupés d'elle durant nos absences. Nous avons pleuré ensemble à chaudes larmes !

Mercredi 20 novembre 2024

Ton maître et moi, nous nous sommes rendus à la clinique afin de récupérer notre louloute.

Sur le parking, j'ai repensé aux nombreuses fois où nous étions venus pour te soigner. Parfois pour une inquiétude qui n'avait pas lieu d'être. Après chaque consultation, tu aimais retourner en voiture à la vitesse de l'éclair pour qu'on ne t'oublie pas. Après chaque hospitalisation, j'aimais retrouver ta petite bouille fatiguée, mais le regard heureux de nous retrouver, de rentrer chez toi. En arrivant, l'assistant vétérinaire nous a gentiment accueilli.

Nous avons également revu la gentille assistante présente le 6 novembre. Elle m'a exprimé toute sa compassion et m'a demandé de ne pas me laisser aller pour LUI faire honneur. Moi qui insistais sur le fait que tu m'avais sauvé la vie grâce à ton amour et à l'intérêt que tu me portais dans mes moments de vie extrêmement difficiles.

« Fiby n'a pas fait cela pour rien. Vous devez lui faire honneur et continuer de vous battre pour elle ! Elle sera toujours présente pour vous », m'a-t-elle répondu affectueusement.

J'ai émis que j'allais essayer de faire de mon mieux et que ce ne serait vraiment pas facile. Je lui ai expliqué qu'un soir, prise d'une sensation de froid, je me sentais mal car j'avais la sensation que tu avais froid aussi. Je ne savais pas où tu reposais dans l'attente de ta...crémation. Dur d'écrire ce mot, faire disparaître un corps que l'on a tellement aimé et choyé. Je lui ai aussi annoncé que j'écrivais. C'était la seule action qui me faisait du bien car c'était mon moment privilégié pour être avec toi par la pensée. Pendant ce temps, l'assistant est allé dans une salle pour nous préparer ton urne. Il nous a expliqué qu'il devait faire le transfert de l'urne originale dans l'urne que nous avions commandée pour toi.

Elle est en aluminium avec des petites pattes noires imprimées dessus.

Il est apparu avec un sac en papier à l'intérieur duquel se situait un carton qui protégeait ton urne. Je n'ai pas pu le saisir. Ton maître l'a fait pour moi. Je me sentais moite avec toujours cette énorme boule qui me saisissait la gorge. Nous avons quitté l'établissement en les remerciant et je leur ai dit :

« Continuez de bien prendre soin de tous vos petits patients. »

Je suis montée en voiture et ton maître m'a confié le sac. Je l'ai bien calé sur le sol entre mes jambes. Évidemment, je pleurais et je n'ai pas pu m'empêcher de m'exclamer douloureusement que d'habitude c'était TOI, ma mignonne petite boule de poils qui se trouvait à mes pieds, couchée, me regardant ou non, toujours heureuse d'être en voiture. Durant le trajet, j'étais malheureuse comme les pierres. Je repensais au trajet inverse du 6 novembre, toi sur mes genoux, la tête sur l'accoudoir qui ne bougeait pas... Pour moi, c'était comme si ce trajet avait eu lieu la veille. Ce moment arrivé trop tôt dans ma vie de « maman chien ». On dit toujours que les enfants ne doivent pas mourir avant leurs parents, c'est ce que je ressentais. J'aurais tellement aimé avoir encore un peu plus de temps en ta compagnie. J'aurais pu te voir blanchir, prendre conscience que ton cycle de vie touchait à sa fin quoique je fasse.

À notre retour, nous avons ouvert le carton. Nous avons enfin porté ton urne entre nos mains. À ma grande stupeur, elle dégageait encore de la chaleur. Nous l'avons entourée de ton petit bandana rouge avec des étoiles de neige. Nous l'avons posée sur le bureau dans la chambre de Maia que tu avais fini par considérer comme ta chambre. Nous avons disposé deux photos à tes côtés. À l'intérieur du carton se trouvait un petit cœur blanc et rose. Il est conçu pour être mis en terre pour faire naître des fleurs en ta mémoire. Pour le moment nous l'avons mis près de toi ainsi que la petite carte du crématorium sur laquelle sont inscrits un numéro, la date du 13 novembre et un petit mot de soutien. Quelques jours plus tard, nous avons également reçu une petite carte de condoléances de la clinique vétérinaire également positionnée près de ton urne.

Depuis nous avons mis des fleurs en tissu dans un petit ours en porcelaine. Nous te mettons régulièrement des petites fleurs fraîches (marguerites, roses...) dans un petit verre sur lequel est dessiné un dauphin. Pour Noël, ton maître a acheté une petite étoile de Noël pailletée et l'a posée près de toi. Nous pensions te mettre au centre d'un moulin à l'extérieur, mais nous n'en avons pas le cœur pour le moment.

Nous voulons te garder au plus près de nous. Tous les jours je jette un œil à ton petit coin. Tous les jours je ne peux m'empêcher de te parler et de respirer ton odeur laissé sur ton dernier doudou. C'est étrange. C'est un acte qui fait du bien car je TE retrouve un instant, mais cela me fait bien entendu aussi souffrir car TU ne reviendras pas…

L'impression d'être en dehors de l'axe temporel me fait souffrir. Je suis comme figée en dehors du temps : difficile de vivre un présent que je n'accepte pas, impossible de me projeter dans le futur et cette envie incessante qui me prend aux tripes de retourner dans le passé pour te retrouver...

ET APRÈS... POSITIVER POUR TROUVER DE LA FORCE EN MOI

Désormais, prendre conscience, plus que jamais, que tu ne supportais pas de voir de la peine dans mes yeux. Sinon tu repartais tristement, les oreilles en arrière, la queue entre les pattes, dans ton panier. Puis tu laissais échapper un long soupir pour montrer ton mécontentement et ton impuissance.

Tu m'as apporté beaucoup de réconfort dans toutes les circonstances. Tu m'as permis de supporter toutes les mauvaises nouvelles, les problèmes qui me semblaient insolubles. Grâce à toi, j'ai réussi à garder la tête hors de l'eau lorsque, tout comme toi, j'ai dû supporter la longue absence de ta grande sœur. Ironie du sort, mais ce n'est que du bonheur, c'est elle, qui maintenant me maintient la tête hors de l'eau de t'avoir perdue à jamais. Il est évident que ta mort a renforcé notre relation car nous t'aimions énormément toutes les deux. Elle partage ma peine et ma douleur. Nous avons envie toutes les deux de consolider notre amour pour nous, pour toi. La mort sépare, mais la mort peut aussi avoir ce côté magique de renforcer des liens qui semblaient perdus.

Je dois penser à ta personnalité bienveillante pour rester optimiste ! :)

Tu aimais me voir sourire, rire, être active, m'affairer près de toi. Tu me regardais souvent avec tes petits yeux pétillants morts d'amour. Tu étais toujours prête pour partager de bons moments avec moi, ton maître et ta petite maîtresse.

Je me dois donc de retrouver mon énergie, pour toi.

Tu aimais faire ta petite curieuse lorsque tu nous entendais discuter. On avait l'impression que tu écoutais nos conversations et que tu comprenais car tu nous fixais tour à tour.

Tu étais sensible à ce qui se passait et se disait autour de TOI.

Je me dois de consolider les liens avec les personnes qui m'entourent.

Tu réagissais au moindre mouvement de ma part, surtout lorsque j'arrêtais mes occupations. Toi tu pensais « Chouette promenade ! » Tu savais repérer et saisir le moment pour m'encourager à faire une pause en ta compagnie. Tu étais une toutounette très sportive. Tu avais des petites cuisses bien musclées. Tu adorais marcher et courir dans notre belle campagne, la truffe toujours aux aguets de nouvelles odeurs. Je dois notamment reprendre la marche, telle que je la faisais avec toi et qui me remontait tant le moral. Je dois aussi retrouver le chemin de la piscine pour y réaliser mes séances d'aquagym. Toutefois, je souris en pensant que tu n'aimais pas me voir saisir mon sac de piscine. Cela signifiait que je ne pouvais pas rester avec toi.

Je suis sûre que si tu le pouvais, aujourd'hui, tu me dirais « Vas-y maîtresse ! »

Bref, je dois reprendre les activités qui me font du bien.

Tu adorais manger ton petit biscuit en forme d'os. C'était la seule petite gourmandise qui t'était autorisée suite à l'apparition de ta première pancréatite. Mon péché mignon c'est le chocolat. Depuis ton décès, je n'arrive plus à en déguster avec mon café.

Je dois être capable de savourer du chocolat à nouveau.

J'ai compris que ce samedi 2 novembre 2024 doit rester à jamais gravé dans ma mémoire. Fiby, tu as eu la volonté et la force de me faire vivre une journée presque ordinaire malgré la maladie qui te rongeait de plus en plus, avec ce formidable sursaut d'énergie. J'aime à penser qu'il était pour moi et pour ton maître afin que nous ne gardions que ce souvenir positif de toi. Peut-être voulais-tu que nous effacions de notre mémoire les trois jours suivants ? C'était comme si tu voulais me donner, nous donner, de la force pour supporter les moments douloureux qui ont suivi.

Je dois m'approprier ta force de caractère et ton courage.

Ce silence qui me pèse tant aussi bien à la maison qu'en promenade dans la nature ; je dois apprendre à l'intégrer et le transformer en un silence bénéfique pour me ressourcer et me refaire le film de très bons moments en ta compagnie. En promenade, je te vois partout. Je connais sur le bout des doigts les endroits où tu attendais pour traverser, les chemins que tu prenais, où tu t'arrêtais pour renifler, me regarder...

Je ne dois pas considérer le silence de façon négative, mais plutôt le percevoir comme un moyen de connexion avec toi.

Lorsque je t'ai perdue, je me suis éteinte. Je n'avais envie de rien. Le courage et l'envie de travailler m'ont abandonnée.

Je dois me relever et retrouver le chemin de l'école pour poursuivre ma mission auprès des enfants et leur inculquer le respect de vivre ensemble comme le respect de la vie animale.

Je dois prendre du recul avec mes angoisses de « maman chien » qui continuent de me tourmenter. Ma Fiby, je me suis toujours inquiétée au plus haut point quand il s'agissait de ta santé, de ton bonheur. Je dois désormais intégrer que j'ai fait tout ce qui était en mon pouvoir pour que tu vives au mieux ta propre destinée de louloute poilue et pour te soigner.

Je dois cesser de me reprocher ton décès même si c'est ce qui est le plus difficile.

Enfin, je ne cesserai jamais d'être fière d'être Compagnon de la SPA et d'être Maître de Cœur pour la fondation 30 millions d'amis. Mon engagement vis-à-vis de la cause animale me maintient pour aller de l'avant en contribuant, à mon niveau, au bien-être et à la protection de tous les animaux qui n'ont pas la chance d'être heureux dans une famille. Ta grande sœur m'accompagne dans cette mission. Nous espérons toutes les deux qu'un jour les Hommes seront meilleurs envers les animaux.

Toi, notre petite Fiby, tu as eu la chance de nous donner et de recevoir un océan d'amour.

Tu as été, tu es et tu resteras ma bulle d'oxygène, mon ciel bleu dans mes jours sombres. Tu es désormais mon ange-gardien.

La plus belle façon de t'honorer c'est de vivre…

Je souhaite également de tout cœur que la publication de ton récit de vie pourra financer la recherche médicale pour aider les vétérinaires à mettre point ou à améliorer des traitements contre les maladies dont le cancer. :)

BIOGRAPHIE AUTRICE

Céline Lafitte est née à Troyes en 1972.

Elle obtient un baccalauréat littéraire en 1990, une licence d'anglais en 1993, puis le diplôme de professeur des écoles en 1996.

Mariée et mère d'une fille, elle s'est pleinement investie dans l'éducation, sa véritable vocation. Enseignante en classe élémentaire, elle participe depuis trois ans, avec ses élèves et à titre personnel, au concours annuel de la « **Semaine de l'écriture** », initié par Patrice Laffont, visant à promouvoir et préserver l'écriture manuscrite. En tant que professionnelle de l'éducation, elle encourage également les enfants à développer leur empathie et leur respect envers autrui, la nature et les animaux.

Sa relation avec son petit teckel à poil dur, **Fiby**, a été particulièrement forte. Chienne intelligente, rusée, câline et têtue, Fiby occupait une place essentielle dans sa vie. Sa disparition brutale a profondément bouleversé l'autrice, qui a souhaité lui rendre hommage. Elle a ainsi participé à un concours de réécriture de la fable ***La Corneille et l'Éphémère*** **d'Adèle Caldelar** (1844), en y intégrant ce que Fiby aurait pu lui confier avant de s'éteindre, si elle avait pu s'exprimer.

Animée par le désir de perpétuer cette relation unique, elle s'est ensuite lancée dans l'écriture d'un récit relatant leur lien si précieux. À travers ce livre, elle espère sensibiliser à la cause animale et apporter une contribution financière à la recherche en cancérologie vétérinaire. **Chloé Charrier**, Miss Troyes Champagne Métropole 2025 et assistante vétérinaire, l'accompagne dans cette lutte contre le cancer canin.

Sensibilisée à la cause animale, Céline Lafitte soutient activement plusieurs associations. Elle est **Maître de Cœur** pour la fondation **30 Millions d'Amis**, **Compagnon de la SPA**, et plus récemment, membre de l'association « **Dans les yeux d'Hulk** ».

NOTES DE L'AUTRICE

À tous les lecteurs,

Je vous remercie d'avoir fait la démarche de lire ce récit de vie en l'honneur de Fiby et d'avoir partagé ma peine.

Si je n'avais pas eu Fiby à mes côtés, je ne sais pas si j'aurais longtemps pu résister face aux « tempêtes » que j'ai essuyées dans ma vie.

Nos « petits poilus » sont des êtres extraordinaires, remplis d'amour pour nous, si on se donne la peine de tisser des liens relationnels forts avec eux. D'ailleurs, de nombreuses études scientifiques s'organisent pour étudier comment nos animaux, qui n'ont d'« animal » que le nom, communiquent avec nous autres, êtres humains.

C'est pourquoi, laisser son loulou ou sa louloute sur le bord de la route, comme le font certaines personnes, est un acte abominable. De plus, je peux affirmer que c'est abandonner une partie de soi et renoncer à une belle forme d'amour.

Tous les bénéfices générés par la vente de ce récit seront intégralement reversés à :

• **La fondation du CNRS,** plus précisément l'unité de recherche UAR 3480 CRB Cani-DNA. Il s'agit d'une unité de recherche qui mène des travaux très importants sur les biomarqueurs génétiques du cancer chez les chiens atteints de lymphome de haut grade. Recherche en partie financée par AniCura, réseau européen de cliniques.

• **L'association « Dans les yeux d'Hulk »** dont je suis désormais adhérente. C'est la seule association en France qui collecte des fonds pour le service d'oncologie animale. Elle développe la prévention et l’information sur la cancérologie animale, collecte des fonds pour la recherche médicale, sensibilise les futurs professionnels, vient en aide aux familles pour assurer les soins. Elle a signé une Convention de Partenariat avec le service Cancérologie de l’Institut Vétérinaire VetAgro Sup de Marcy-l’Etoile (Le Rhône).

À nos côtés pour l'Éternité…

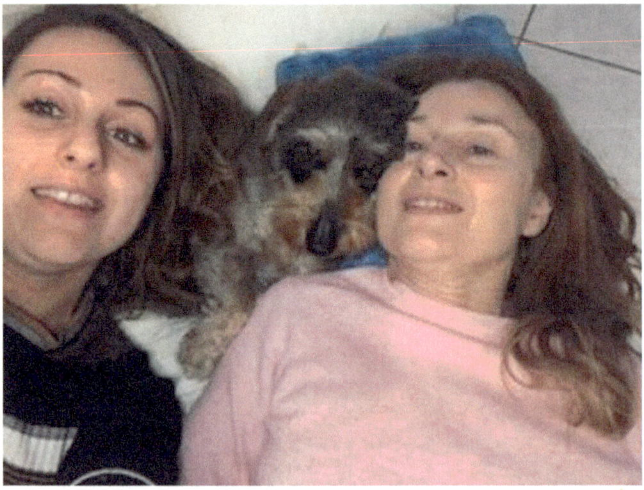

REMERCIEMENTS

À l'ensemble des vétérinaires et assistants de l'Aube et de la Marne qui ont pris grand soin de Fiby.

À **Lyliane MOSCA**, pour sa bienveillance, sa relecture attentive et la rédaction de ma préface.

À **Sandrine BELAIR**, mon éditrice, pour sa confiance.

À mon mari, **Patrice**, qui m'a soutenue malgré son immense chagrin.

À ma fille, **Maialen**, dont le précieux soutien m'a réconfortée et que j'ai retrouvée avec bonheur.

À mes parents, **Jocelyne et William**, pour leur infinie bienveillance.

À mes beaux-parents, **Françoise et Gilbert**, pour leur réconfort.

À toutes les personnes qui ont tenté d'adoucir ma peine.

À **Bernard NAON** (*Aube Informatique*), pour son aide précieuse dans la mise en forme de mon manuscrit avant son envoi en maison d'édition.

TABLE DES MATIÈRES

PRÉFACE 7

POURQUOI ? 9

UNE BELLE RENCONTRE 15

TON ARRIVÉE A LA MAISON 17

NOS PROMENADES, NOS RENCONTRES ... 23

TA JOIE DEVANT LES CADEAUX DE NOËL 49

NOTRE RELATION D'AMOUR RÉCIPROQUE, TON SOUTIEN MORAL 51

LE CAMBRIOLAGE, UNE EPREUVE DIFFICILE À SURMONTER 63

PREMIÈRE ALERTE ! 79

DEUXIÈME HOSPITALISATION, UN AN APRÈS 89

LA CONSÉQUENCE D'UN ACTE MALVEILLANT ? 95

D'ILLUSIONS EN DÉSILLUSIONS............ 101

PAS MAINTENANT, C'EST TROP TÔT ! 113

RENDEZ-VOUS AVEC LA CANCÉROLOGUE 143

AFFRONTER LA DURE RÉALITÉ, MAIS LUTTER... 151

DEVOIR FAIRE MON DEUIL, UN EFFORT SURHUMAIN 211

ET APRÈS... POSITIVER POUR TROUVER DE LA FORCE EN MOI 231

BIOGRAPHIE AUTRICE 239

NOTES DE L'AUTRICE 241

REMERCIEMENTS 245

Conception couverture et maquette :
©Chérubins Éditions

Photos couverture et pages intérieures :
©Céline Lafitte

Achevé d'imprimer en mai 2025,
sur les presses d'Amazon

ISBN : 978-2-487628-13-7

Dépôt légal : mai 2025

Contacter l'autrice :
communication.roman.celine@gmail.com

Contacter l'éditeur : cherubinseditions@gmail.com

Site Internet : cherubinseditions.weebly.com

CHÉRUBINS ÉDITIONS

Maison d'édition indépendante

51320 MONTÉPREUX

FRANCE

Printed in France by Amazon
Brétigny-sur-Orge, FR

31398471R00141